O Poder de Orar

e receber as bênçãos de Deus

Stormie Omartian

O Poder de Orar
e receber as bênçãos de Deus

Traduzido por: Renira Cirelli Appa

Thomas Nelson
Brasil

Rio de Janeiro – 2012

Título original
Finding peace for your heart

2. ed.

Publisher	*Omar de Souza*
Editor responsável	*Renata Sturm*
Produção editorial	*Thalita Aragão Ramalho*
Capa	*Julio Moreira*
Tradução	*Renira Cirelli Appa*
Copidesque	*Marcelo Barbão*
Revisão	*Clarisse Cintra*
Projeto gráfico	*Julio Fado*
Diagramação	*Gabriella Rezende*

CIP-BRASIL. CATALOGAÇÃO-NA-FONTE
SINDICATO NACIONAL DOS EDITORES DE LIVROS, RJ

O64s
2.ed.

Omartian, Stormie
O poder de orar e receber as bênçãos de Deus/Stormie Omartian; tradução de Renira Cirelli Appa. – 2.ed. – Rio de Janeiro: Thomas Nelson Brasil, 2011.

Tradução de: *Finding peace for your heart*
ISBN 978-85-7860-249-9

1. Vida cristã. 2. Conduta. I. Título.

11-6134. CDD: 248.4
CDU: 27-584

Thomas Nelson Brasil é uma marca licenciada à Vida Melhor Editora S.A.

Rua Nova Jerusalém, 345 – Bonsucesso
Rio de Janeiro – RJ – CEP 21402-325
Tel.: (21) 3882-8200 – Fax: (21) 3882-8212 / 3882-8313
www.thomasnelson.com.br

A todas que sofrem qualquer tipo de dor emocional ou se sentem frustradas e insatisfeitas pela falta de realização.

Que Deus possa confortar seus corações por intermédio deste livro, possa lhes dar esperança renovada, fazê-las crescer atingindo seu potencial máximo, e ajudá-las a encontrar plenitude e total restauração.

Sumário

Agradecimentos

Sou grata especialmente a:

Meu marido, Michael, por sua fidelidade a Deus e a mim.

Meu filho, Christopher, e minha filha, Amanda, por decidirem unanimemente e sem hesitação que não querem uma nova mãe que não escreva livros.

Meu pastor Jack Hayford, por ter me mostrado Jesus de uma forma que pude compreender, por ensinar a Palavra de Deus com tanto poder que mudou minha vida para sempre e tornou possível juntar a base bíblica para este livro.

Minha extraordinária editora, Janet Hoover Thoma, não apenas por ser brilhante, mas também compassiva.

Minha secretária e amiga de muitos anos, Janet Hinde, por seu trabalho incansável e doce espírito, mesmo nas horas mais difíceis. Sua eficiência e dedicação contribuíram de forma imensurável para este projeto.

Minhas companheiras de oração, sem o suporte diário de vocês, este livro não teria sido escrito: Patti Brussat, Susan Howard

Chrane, Debby Boone Ferrer, Pamela Deuel Hart, Priscilla Navarro, Patti Raffy e Constance Zachman.

Nosso grupo mensal de oração, que não demonstrou, em nenhum momento, estar cansado de ouvir o mesmo pedido de oração mês após mês: Bob e Sally Anderson, Tom e Patti Brussat, Calvin e Susan Chrane, Russ e Renee Ellis, Tony e Pamela Hart, David e Priscilla Navarro, Patrick e Patti Raffy.

Minha tia, Jean Davis, por toda uma vida de compreensão, encorajamento e apoio.

Meu pai, por todos os jantares que preparou a fim de me dar mais tempo para terminar este livro.

Prefácio

O propósito deste livro é trazer esperança, cura e crescimento a qualquer pessoa que estiver ferida emocionalmente ou sentindo-se insatisfeita; mostrar passos práticos que podem ser dados em direção a um caminho que a tire da dor e da frustração. Não é um livro para *definir* problemas, mas para mostrar *solução a qualquer problema.*

As pessoas que estão necessitadas emocionalmente são pessoas ocupadas. Estão tentando conviver com suas dores, preencher seus vazios, satisfazer necessidades; lutam com suas fraquezas, tentam superar limitações e sobreviver da melhor forma possível. Mesmo que não pareçam especialmente ativas nas coisas que fazem, suas mentes, suas emoções e seus corpos estão ocupados, lutando contra os efeitos da depressão, falta de perdão, baixa autoestima, abandono, raiva, desesperança, enfado, medo, ansiedade, rejeição, sentimentos de falha e outras emoções negativas, que as estão constantemente exaurindo. Às vezes, apenas fazer as coisas básicas da vida já requer delas o máximo que podem dar. Devido à drenagem contínua e ao esforço que estas tarefas exigem, não têm tempo de ler volumes e volumes de livros, não querem lidar com termos técnicos e verborragia complexa.

E não há espaço nem tempo para isso. Então, forneço aqui apenas uma visão geral, tocando nos pontos-chave a fim de ajudar as pessoas a darem um passo por vez na direção certa.

Se você está machucada emocionalmente ou sabe de alguém que esteja, ou mesmo aconselha aqueles que se sentem assim, oro para que este livro seja uma ferramenta em suas mãos, que ele a ajude a trazer cura e restauração. Se estiver frustrada com sua vida, que este livro possa a ajudá-la encontrar uma plenitude além do que jamais sonhou ser possível.

Porque sou eu que conheço os planos que tenho para vocês, diz o Senhor, planos de fazê-los prosperar e não de lhes causar dano, planos de dar-lhes esperança e um futuro. Então vocês clamarão a mim, virão orar a mim, e eu os ouvirei. Vocês me procurarão e me acharão quando me procurarem de todo o coração. Eu me deixarei ser encontrado por vocês, declara o Senhor, e os trarei de volta do cativeiro (Jeremias 29:11-14a).

PARTE 1

Os presentes de Deus

Uma vez dei à minha filha mais nova, Amanda, um caixinha de joias com uma bailarina que dançava quando a tampa abria. Coloquei dentro da caixa uma pequena joia que ela estava pedindo há muito tempo.

Quando abriu o presente e viu a caixinha de joias, ficou esfuziante e começou a falar de cada detalhe:

— Nossa, mãe, é linda demais! Olha as rosinhas e os lacinhos pintados de cor de rosa, olha o fechinho dourado. É a caixinha mais bonita que eu já vi!

Ávida para que ela visse tudo o que eu havia comprado e impaciente para esperar mais, disse:

— Amanda, abra a caixinha.

Ela abriu a caixa e viu a bailarina rodopiando ao som da música.

— Oh! Que linda a dançarina! Olha a sainha dela e as mãozinhas. Mãe, é acetinada e tão lisinha!

Ela dizia tudo isso passando os dedinhos em cada parte da roupa da bailarina. Ia guardar a caixinha no quarto, quando eu disse:

— Amanda, você não está vendo? Tem uma coisinha dentro da caixa.

— Onde?

Ela descobriu uma gavetinha e puxou cuidadosamente.

— Os brincos de pérola que eu queria! Obrigada, mamãe!

Ficou superalegre e correu para colocá-los nas orelhas.

Sentei-me e pensei: *Ela já estaria bem feliz só com a linda caixinha!* Aí comparei com os presentes que nosso Pai celestial nos dá e que, com muita frequência, nós nem desembrulhamos ou tomamos posse de tudo que ele tem para nós, simplesmente porque não vemos ou compreendemos que há um dom, um outro presente, *para nós,* lá.

O ato de abertura

Imagine alguém lhe dando um presente embrulhado em papel brilhante com um laço lindo em cima. Você diria: "Muito obrigada, de coração, pelo presente. O papel é lindo, o laço é maravilhoso e eu vou lembrar dele para sempre."

Aí, você coloca o presente em cima da mesa e deixa lá, sem abrir. Como o doador ficaria triste se, depois de despender tempo, esforço e recursos para comprá-lo, você nem visse o que há dentro.

Quando Michael e eu nos casamos, senti-me segura financeiramente, pela primeira vez na vida. Mesmo papai tendo trabalhado duro toda sua vida, nunca ganhara muito dinheiro e sempre fomos pobres. Quando se aposentou e ele e minha mãe se mudaram para uma fazenda no centro da Califórnia, a aposentadoria nem mesmo cobria o básico. Michael e eu tentávamos lhes dar um pouco de dinheiro periodicamente, mas minha mãe nem queria ouvir falar nisso. Em um dia de inverno muito rigoroso, telefonei para a casa deles e descobri que ambos estavam doentes, com os pulmões seriamente comprometidos. Estavam passando muito frio há um mês porque não tinham dinheiro para comprar o combustível do aquecimento. Aqui estava eu, com dinheiro mais que suficiente para ajudar, e eles estavam lá, sofrendo sem necessidade! Imediatamente providenciei para que uma empresa enviasse o combustível. Compreendi o quanto nosso Pai celestial deve ficar triste com nossos sofrimentos desnecessários. Eu também esqueço que algumas coisas são minha herança e meu direito de nascimento por causa de Jesus, mas hoje em dia já não passo muito tempo esquecida porque sei que há presentes e dons disponíveis para mim. Quero que você saiba disso também.

Deus nos dá, como primeiro presente, o dom de seu filho Jesus (João 4:10) e depois o dom do seu Santo Espírito (Atos 2:38). A partir dessas duas dádivas, todos os outros dons fluem — justiça (Romanos 5:17), vida eterna (Romanos 6:23), profecia (1 Coríntios 13:2) e paz (João 14:27). Essas são apenas algumas delas, porque todas as boas coisas são dadas a nós por Deus.

Dos muitos presentes que Deus tem para nós, quatro deles, em particular, são cruciais à nossa cura emocional, restauração e plenitude contínuas: o dom de seu grande amor, o dom de sua graça infinita, o dom de seu imenso poder e o dom do descanso exercido nele. Não conseguimos receber esses dons por nós mesmos.

O que a Bíblia diz sobre receber os dons de Deus

Toda boa dádiva e todo dom perfeito vêm do alto, descendo do Pai das luzes, que não muda como sombras inconstantes. (Tiago 1:17)

Se vocês, apesar de serem maus, sabem dar boas coisas aos seus filhos, quanto mais o Pai de vocês, que está nos céus, dará coisas boas aos que lhe pedirem! (Mateus 7:11)

Cada um exerça o dom que recebeu para servir os outros, administrando fielmente a graça de Deus em suas múltiplas formas. (1 Pedro 4:10)

E a cada um de nós foi concedida a graça, conforme a medida repartida por Cristo. Por isso é que foi dito: quando ele subiu em triunfo às alturas, levou cativos muitos prisioneiros, e deu dons aos homens. (Efésios 4:7)

Busquem com dedicação os melhores dons. (1 Coríntios 12:31)

O dom do amor

Há alguns anos, fui convidada para falar a um grande número de mulheres em uma prisão feminina. Depois, permitiram que eu conversasse em particular com qualquer uma delas que desejasse. Como havia lhes contado de maneira muito transparente a minha vida, cada uma delas também foi bem aberta comigo. Uma jovem, de aparência tímida e frágil, que chamarei de Tracy, confessou o que havia feito para estar atrás das grades. Digo confessou porque, embora já tivesse sido sentenciada pelo crime, ninguém lhe pedia para revelar a razão e eu estava estritamente proibida de perguntar por que qualquer interna estava lá.

Tracy me contou que havia nascido de uma mãe que não a desejava, não gostava dela e sempre lhe dizia isso. O padrasto repetidamente batia e a estuprava, menosprezando-a. Ela cresceu desesperada por amor.

Aos quinze anos, engravidou de um adolescente, e sua mãe, enraivecida, colocou-a para fora de casa. O namorado abandonou-a, não tinha nenhum membro da família ou amigos em quem se apoiar. Com a ajuda do governo, morava sozinha em um minúsculo apartamento de um dormitório e teve seu bebê. "Fiquei com o nenê porque queria alguém para amar", disse-me com uma sinceridade de cortar o coração.

Mas ela não tinha experiência, morria de medo e era quase uma criança também, então não aguentava o choro incessante da filhinha. Uma noite, quando não conseguia mais suportar o fracasso e a rejeição de uma vida inteira, perdeu o controle e segurou o travesseiro no rosto da nenê até ela parar de chorar. O bebê morreu.

Mesmo cheia de remorso e desespero, Tracy gostou da imensa cobertura que a mídia deu ao crime. "Quando fui presa, minha foto saiu na primeira página do jornal. Senti orgulho porque agora era alguém. As pessoas me notaram."

Essa afirmação aterradora me empalideceu e chocou, mas meu coração sofreu por Tracy e sua filhinha. Sabia que qualquer um, destituído de amor quando criança, procurará desesperadamente por ele em qualquer lugar, não importa quão bizarro ou irracional o método possa ser. Quanto mais extremas as condições do abuso, mais extremos os atos de desespero. Quando você não se sente amada, sente que não existe. É indescritivelmente amedrontador e se está sempre, desesperadamente, procurando pela confirmação de sua existência, mesmo que seja de uma forma negativa.

Alimento para a alma

Exatamente como a comida nos ajuda a crescer fisicamente e a educação nos ajuda a crescer mentalmente, é preciso amor para que cresçamos emocionalmente. Se não formos alimentados com amor, nossas emoções permanecem imaturas e estaremos sempre procurando pelo amor que nunca tivemos. Mas, como conseguir esse amor quando aqueles que supostamente deveriam nos amar não o fazem ou não são capazes de nos comunicar esse sentimento?

Na carne, tenta-se de tudo. Em certo nível de necessidade, qualquer tipo de atenção — mesmo cobertura negativa no noticiário — é melhor que nenhuma atenção. Fazemos e dizemos coisas que não deveríamos para ganhar atenção, aceitação e amor dos outros. Mas no espírito, há outra forma: receber o amor de Deus.

Expliquei a Tracy que o Senhor tinha planos para ela antes mesmo que tivesse nascido. Os pecados dos pais, contudo, faziam parte dos planos de Satanás. Disse-lhe, olhando diretamente em seus olhos:

— Tracy, estou aqui para lhe dizer que aos olhos de Jesus você *sempre* foi alguém. Sempre foi importante para ele. Jesus conhece todo o seu sofrimento. Viu tudo o que lhe aconteceu e o Espírito se entristeceu muito por você. Ele nunca quis que tudo isso lhe acontecesse e deseja lhe devolver tudo o que foi perdido.

Ela começou a chorar e eu a abracei fortemente. Com profundo desespero nos olhos gaguejou:

— Mas como Deus pode me aceitar depois do que eu fiz? É tarde demais, não é?

— Tracy, Deus nos ama e aceita do jeito que somos, mas não nos deixa permanecer nesse mesmo estado. Por isso nunca é tarde demais. Não importa o que tenhamos nos tornado, quando permitimos que ele entre em nossa vida e recebemos Jesus, ele começa imediatamente a nos mudar de dentro para fora. Ele juntará todas as partes dilaceradas de nossa vida e as colocará de volta, juntas, e fará com que se tornem algo muito bom, que valha a pena. Ele vai libertar você para ser a pessoa inteira que ele criou e pretendeu que fosse.

O amor de Deus não mostra favoritismo

Depois que recebi Jesus fui capaz de sentir a presença forte do amor de Deus e não tive problemas em acreditar que ele ama a todos. A todos os *outros*, sim. Foi difícil acreditar que amava *a mim*. Podia falar às pessoas sobre o amor de Deus, mas eu mesma não conseguia receber, para mim, essa verdade. Levou um tempo no caminho cristão para aprender sobre a natureza de Deus, para conhecê-lo, dando-lhe tempo para responder às orações, vendo que sua Palavra era a verdade e receber sua libertação, antes de o amor de Deus realmente penetrar em meu ser.

O amor do homem é condicional. Será sempre limitado. O amor de Deus é *in*condicional e *i*limitado. O amor humano ajuda-nos a crescer, mas o *amor de Deus nos transforma*. Queima a dúvida, as limitações, insegurança e medo. O amor humano nos dá uma sensação de conforto e aceitação quando estamos ao redor da pessoa que nos ama. O amor de Deus nos dá uma sensação de aceitação não importa quem esteja ao nosso redor. Se você pensa que Deus não poderia amá-la porque você não tem valor, deve entender que ele nos ama de forma diferente da nossa. Você não precisa fazer nada para que ele te ame mais — nem nada para que ele te ame menos.

A Bíblia diz: "O mesmo Senhor é Senhor de todos e abençoa ricamente todos os que o invocam" (Romanos 10:12). Ele a ama tanto quanto ama a mim ou a qualquer outra pessoa. Toda a bondade do Senhor demonstrada em relação a Billy Graham está aí para você e para mim, também. O senhor Graham provavelmente se comprometeu e se submeteu a Jesus bem mais cedo e mais completamente que nós, escolheu viver à maneira de Deus e dependendo de seu amor mais rápido e mais profundamente do que nós.

Expliquei a Tracy: "Deus virá ao seu encontro aqui e agora. E, se você permitir, ele vai virar sua vida de ponta-cabeça." Como Tracy sentiu o amor de Deus, ela recebeu Jesus como Salvador naquela manhã. Várias companheiras e dois guardas me disseram mais tarde que nunca a haviam visto chorar ou falar com ninguém nos três anos que estava lá. Algo definitivamente a tocou e não fui eu. Os humanos não têm esse tipo de poder. Apenas o amor de Deus pode transformar vidas. Nunca vi Tracy de novo após aquele dia, mas sempre oro por ela. Era um exemplo vivo do preço a ser pago por uma vida inteira sem ser notada ou amada. Apenas o amor de Deus, incondicional, pode curar feridas dessa magnitude.

Acreditar é receber

A chave para receber o amor de Deus é decidir acreditar que ele está aí para você, basta escolher se abrir para ele. Nada pode nos separar do amor de Deus, exceto nossa própria inabilidade em recebê-lo.

A Bíblia diz: "A bondade do Senhor protege quem nele confia" (Salmo 32:10). Mais experimentará o amor de Deus, quanto mais disser: "Está bem, Deus, vou confiar nas suas promessas e em tudo que dizes sobre mim e minhas circunstâncias, escolho acreditar em ti."

Receber o dom do amor de Deus significa que você não tem que fazer coisas desesperadas para conseguir aprovação. Nem precisará ficar depressiva quando não receber amor dos outros exatamente da forma que pensou. Quando sentimos o amor de Deus, a pressão desaparece e nos liberta para sermos tudo o que fomos criados para ser.

Se tiver dúvidas em relação ao amor de Deus por você, peça-lhe para mostrar diretamente. Leia o que a Bíblia diz sobre o amor e escolha acreditar. O amor de Deus não é somente um sentimento; é o Espírito de Deus. Porque ele é amor, passar simplesmente um pouco de tempo em sua presença, em oração e louvor, faz com que ele permeie seu ser.

Se, após fazer todo o possível, ainda não sentir que Deus a ama, provavelmente precisará da libertação de alguma cadeia emocional. Peça-lhe para mostrar o que é e se deveria procurar aconselhamento. Esta parte da cura e restauração é importante demais para ser negligenciada.

Abrir-nos para receber o amor de Deus torna-nos mais capazes de amar o próximo, mesmo aqueles com quem não temos afinidade natural. Irradiar amor em relação aos outros é parte do perfeito amor de Deus em nós. Também faz com que as pessoas nos amem mais. Aqueles que têm a plenitude do amor de Deus fluindo são sempre bonitos e atraentes aos que estão ao redor.

O amor de Deus é sempre mais do que esperamos. Eis por que choramos em sua presença. São lágrimas de gratidão pelo amor além de nossa imaginação.

O que a Bíblia diz sobre receber de Deus o dom do amor

Eu a amei com amor eterno; com amor leal a atraí. Eu a edificarei mais uma vez, ó virgem, Israel! Você será reconstruída. (Jeremias 31: 3,4)

Respondeu Jesus: "Se alguém me ama, obedecerá à minha palavra. Meu Pai o amará, nós viremos a ele e faremos morada nele." (João 14: 23)

Quem nos separará do amor de Cristo? Será tribulação, ou angústia, ou perseguição, ou fome, ou nudez, ou perigo, ou espada? (Romanos 8: 35)

Pois estou convencido de que nem morte nem vida, nem anjos nem demônios, nem o presente nem o futuro, nem quaisquer poderes, nem altura nem profundidade, nem qualquer outra coisa na criação será capaz de nos separar do amor de Deus que está em Cristo Jesus, nosso Senhor. (Romanos 8: 38,39)

Seja o teu amor o meu consolo. (Salmo 119:76)

O dom da graça

"Depressa, entre no carro, Amanda. O automóvel atrás quer nosso lugar para estacionar." Ela estava com três anos na época. Joguei o pacote das compras no assento de trás do carro, fechei a porta do passageiro e corri para o lado do motorista em resposta à buzina impaciente.

Por que todo mundo está sempre com pressa hoje em dia? Pensei comigo enquanto me sentava à direção, prendendo o cinto de segurança. Saí da vaga, atravessei o estacionamento, virei à direita para entrar na faixa estreita de mão única que conduzia à saída. Quando estava para virar a esquina que levava à rua, um carro veio na contramão a toda velocidade. O motorista não viu que a faixa estava marcada com a palavra "saída" de forma quase apagada. Pisei no breque e ele também. Só uma fração de polegada separava nossos carros e evitou que batêssemos de frente. Amanda voou em direção ao para-brisa.

Em minha pressa, havia sido negligente e não apertara seu cinto de segurança. "Oh, meu Deus. Oh, Deus, me perdoe por ter sido negligente. Fazei com que a Amanda esteja bem. Por favor, Deus, não deixe ter nenhum problema com ela. Por favor, cure minha menina agora, Senhor."

Eu orava enquanto usava os lenços de papel para enxugar o sangue escorrendo da boca e nariz. Tinha medo que seus dentes e nariz estivessem quebrados, ou pior, o pescoço ou crânio.

Para resumir, não houve arranhões ou machucados, nem dentes quebrados, só um nariz sangrando e um pequeno corte no lábio. Compreendi perfeitamente a mão milagrosa do Senhor sobre nós e o que eu merecia não foi o que recebi. Eu merecia o julgamento pela minha falha, a destruição. O que recebi, em vez disso, foi a graça de Deus.

Não o que merecemos

Demorei quinze anos para compreender o que foi realizado na cruz. Simplesmente significa que *Jesus levou tudo o que sobreviria a mim — dor, doença, fracasso, confusão, ódio, rejeição e morte — e me deu tudo o que sobreviria a ele — plenitude, cura, amor, aceitação, paz, alegria e vida.* Devido à graça de Deus, tudo o que temos de fazer é: "Jesus, venha viver em mim e seja o Senhor sobre a minha vida."

Aos vinte anos, meu estilo de vida era motivado pela necessidade desesperada de alcançar amor. Uma consequência desastrosa dessa forma de vida foram dois abortos em menos de dois anos. Ambos foram horrorosos, amedrontadores, física e emocionalmente traumáticos (sem mencionar a ilegalidade, na época), mesmo assim me sentia mais aliviada do que com remorso quando me lembrava deles. Somente muitos anos depois de começar a andar com o Senhor e aprender sobre seus caminhos foi que percebi o que havia feito.

Quando Michael e eu decidimos ter um bebê, muitos meses se passaram e não conseguia engravidar. Eu, que havia ficado grávida tão facilmente antes, pensei que, certamente, estava sendo punida pelos abortos. "Deus, sei que não mereço dar à luz a uma nova vida depois de destruir duas delas dentro de mim, que mereço ser estéril. Mas, por favor, tenha misericórdia e ajuda-me a conceber."

Ele ouviu aquela oração e meus dois filhos têm sido o maior de todos os exemplos da misericórdia e da graça de Deus em mim. *Ele me deu exatamente o que eu não merecia.*

A graça de Deus é para aqueles que vivem no reino de Deus e cujo reino vive dentro deles. Não podemos receber sua graça a menos que o recebamos. É um dom que está com o Senhor, em suas próprias mãos.

Graça e misericórdia

Graça e misericórdia são muito parecidas. *A graça acontece quando Deus deixa de punir uma pessoa que é culpada. A misericórdia é a compaixão de Deus pela nossa miséria além do que possa ser esperado.* Precisamos de ambas.

Se não fosse pela graça *e* misericórdia de Deus, nem seríamos salvos, porque a Bíblia diz: "pois vocês são salvos pela graça" (Efésios 2: 8) e "devido à sua misericórdia, ele nos salvou" (Tito 3:5). Antes de encontrarmos Jesus éramos "culpados" e "miseráveis", mas a sua "graça" e "misericórdia" nos salvou.

A graça tem a ver com ser *ele*. Tudo é *ele* quem faz. Não nós. A graça é sempre uma surpresa. Você pensa que não vai acontecer, mas acontece. O pastor Jack Hayford nos ensina sobre a graça: "Quando o humilde diz: 'Não tenho e não consigo sozinho', Deus diz: 'Eu tenho e vou lhe dar.' Essa é a graça de Deus."

Recebendo o dom

As pessoas que foram violentadas, rejeitadas ou sofreram danos emocionais são frequentemente duras consigo mesmas. Se não conseguirem alcançar a perfeição, rejeitam a própria carne. É mais difícil receber a graça e a misericórdia de Deus se não somos misericordiosos conosco mesmos. Também será mais difícil mostrar misericórdia ao próximo. E uma das condições para receber misericórdia é mostrá-la aos outros:

> Quem faz o bem aos outros, a si mesmo o faz; o homem cruel causa o seu próprio mal. (Provérbios 11:17)

Recebemos sua graça e misericórdia quando nascemos de novo, mas precisamos estendê-la também, porque isso traz saúde emocional. As misericórdias do Senhor "renovam-se cada manhã" (Lamentações 3: 23), e as nossas também deveriam.

Outra condição para receber a graça e a misericórdia de Deus é a humildade, a confissão e o arrependimento:

> Quem esconde os seus pecados não prospera, mas quem os confessa e os abandona encontra misericórdia. (Provérbios 28:13)

Há também misericórdia para qualquer um que pecar por ignorância. Se não houvesse, estaríamos todos mortos. O apóstolo Paulo disse: "Alcancei misericórdia, porque o fiz por ignorância e na minha incredulidade" (1 Timóteo 1:13).

A parte difícil de receber a graça e a misericórdia de Deus é manter um equilíbrio entre pensar *posso fazer o que tiver vontade porque a graça de Deus cobrirá tudo* e sentir, por outro lado, que *tudo em minha vida — meu sucesso, meu casamento, minhas crianças que se tornaram pessoas de bem, o quão santa me tornei — depende totalmente do que faço*. Nenhum dos dois tipos de pensamento exemplifica o que sejam graça e misericórdia.

Nosso sucesso depende de Deus, não do que fazemos. Mas temos que agir de acordo com a Palavra de Deus, da forma revelada a nós, para mostrar nosso amor por ele por meio da obediência. Isso permite que ele nos capacite a fazer coisas que, de outro modo, não faríamos, libera as nossas bênçãos do jeito que ele desejar. Eis por que não temos que nos preocupar sobre como realizar nada em nossa vida. Temos somente que procurar por ele e ele realizará o resto. O Salmo 147:11 diz:

> O Senhor se agrada dos que o temem, dos que colocam sua esperança no seu amor leal.

Abra-se para a graça, que é um dom, presente que Deus nos dá, pois isso agrada e deixa feliz nosso Pai celestial.

O que a Bíblia diz sobre receber de Deus o dom da graça

> Pois vocês são salvos pela graça, por meio da fé, e isto não vem de vocês, é dom de Deus. (Efésios 2: 8)

> Minha graça é suficiente para você, pois o meu poder se aperfeiçoa na fraqueza. (2 Coríntios 12: 9)

> Portanto, isso não depende do desejo ou do esforço humano, mas da misericórdia de Deus. (Romanos 9: 16)

> Ele zomba dos zombadores, mas concede graça aos humildes. (Provérbios 3: 34)

> Bem-aventurados os misericordiosos, pois obterão misericórdia. (Mateus 5: 7)

O dom do poder

Uma vez, tarde da noite, logo depois de nosso filho fazer um ano, tive que ir à farmácia buscar um remédio para sua tosse. Deixei-o em casa com meu marido e corri porque já estava quase no horário de fecharem a farmácia. De fato, só havia dois carros estacionados no local quase sempre lotado. Entrei correndo, fiz a compra e saí da loja bem na hora em que estavam apagando as luzes. O estacionamento estava totalmente vazio e escuro; senti-me um pouco nervosa andando até o carro, sozinha. A quase um terço de distância, vi uma figura escura se mover entre as sombras, ao lado do prédio. Parecia ser um homem de bicicleta e, embora isso desse a ele um ar de inocência, apertei o passo, comecei a orar e apertei a chave para destravar as portas. "Jesus me ajude! Deus, proteja-me!"

Orava silenciosamente enquanto continuava a andar deliberadamente. O som da bicicleta chegou mais perto. Justamente quando eu já me aproximava do carro, mas não o suficientemente perto para entrar nele, a figura pulou da bicicleta e me agarrou por trás. Naquele instante, meu instinto reuniu toda a energia que me dirigiu à única fonte de poder que eu sabia que tinha.

Enquanto ele me agarrava, revirei-me e disse com um poder e autoridade que nunca havia sentido antes e nem fui jamais capaz de duplicar: "Não me toque, em nome de Jesus, ou você morre!"

O que mais surpreende é que eu não disse isso soando uma vítima com medo, mas com o tom dominante do agressor.

Era um *jovem* — possivelmente de dezoito ou dezenove anos — mas forte e grande o bastante para me imobilizar. Virei para ele tão rápido que pude ver sua expressão mudar de agressiva para atordoado. Mostrei tal fonte de poder e autoridade que ele não antecipara. Meus olhos encontraram os seus e nada em mim parecia ter medo.

"Alguém está nos vendo e ele nunca deixará você ir embora ileso se me tocar." Disse com tanta autoridade que rapidamente abri a porta sem deixar de olhar para ele. O jovem ficou imóvel. Entrei no carro, tranquei a porta, dei a partida e fui embora.

"Obrigada, Jesus! Obrigada, Jesus!", dizia comigo, sem parar, enquanto dirigia para casa, tentando colocar o cinto de segurança com as mãos trêmulas. Dois aspectos foram surpreendentes: primeiro, eu estar totalmente vulnerável e em uma posição perigosa dentro de um estacionamento apagado e sozinha com um molestador; segundo, tê-lo amedrontado com o poder e a autoridade de Deus dados a mim. Essa foi a primeira vez que testei esse poder tão visivelmente. Mal podia acreditar no que tinha acontecido.

Nem preciso dizer que nunca mais testei a Deus indo para um estacionamento vazio e escuro sozinha, mas acredito que seu poder manifestado naquele momento foi um dom. Também acredito firmemente que, se aquele jovem tivesse conseguido o intento, certamente teria trazido morte e destruição para a vida *dele* e para a minha, então o que falei foram palavras de Deus.

Recebendo o poder milagroso de Deus

O poder de Deus é um presente para usarmos, entre outras coisas, na cura de nossa alma, e qualquer um que queira ser curado emocionalmente e receber restauração precisa ter acesso a essa força. Deus quer que conheçamos "a incomparável grandeza do seu poder para conosco, o que cremos, conforme a atuação da sua poderosa força" (Efésios 1:19), assim ele poderá "com suas gloriosas riquezas, fortalecer no íntimo do seu ser com poder, por meio do seu Espírito" (Efésios 3:16). Para receber seu poder você, primeiramente, precisa recebê-lo e conhecer quem é ele. Também precisa saber quem é seu inimigo e estar convencida de que o poder de Deus é muito maior. Depois, precisa usar as chaves que Jesus lhe deu para ganhar acesso ao poder. Jesus disse: "Eu lhes darei as chaves do Reino dos céus; o que você ligar na terra terá sido ligado nos céus, e o que você desligar na terra terá sido desligado nos céus" (Mateus 16:19).

As chaves do Reino

O pastor Jack descreveu as chaves do Reino como sendo similares às de um carro. "Há muito pouco poder na chave do meu carro, mas o motor, com toda sua força, não liga se minha chave não for colocada na ignição. Não tenho o poder de sair e correr a cem quilômetros por hora, mas tenho acesso a uma fonte que pode me fazer andar nessa velocidade. Jesus disse: 'Eu lhes darei as chaves do Reino dos céus.' Chave significa autoridade, privilégio, acesso. Algumas coisas não serão ligadas, nem acesas, a menos que *você* as ligue ou acenda. Algumas coisas não serão desligadas ou apagadas a menos que *você* as desligue ou apague. Algumas coisas não serão liberadas a menos que *você* as libere. A chave não *faz* o motor ter energia, mas *libera* o poder do motor."

O pastor Jack deixou bem claro que o reino de Deus significa o domínio, o lugar das regras divinas. Nossa vontade precisa estar submissa à dele até que estejamos completamente dependentes de seu poder. "As chaves dele não funcionam, nem se encaixam, em nosso domínio e reino particulares. O poder dele é liberado sob comando, mas não para nossos próprios ganhos pessoais."

Abrindo-se para o poder de Deus

Como conheço Jesus e vivo em obediência e submissão a ele, tenho acesso ao seu poder pelo que ele realizou na cruz. Por causa dele, minhas orações têm poder. Quando vivo do seu modo e sou submissa a ele, tenho acesso às chaves do Reino. Este poder me salvou na escuridão do estacionamento.

Você não pode invocar, tomar ou ordenar o poder de Deus; só pode receber dele mesmo. Oswald Chambers diz que o propósito de Deus para mim é que "eu dependa dele e do seu poder agora" (*My Utmost for His Highest*) [Meu Máximo para o Altíssimo]. Se depender do poder de Deus, em vez do seu próprio, você estará cumprindo o propósito de Deus para sua vida.

Se você se sente sem poder e fraca frente às circunstâncias, então agradeça a Deus porque muito embora *você* seja fraca, *ele* não é. Ele diz: "Minha graça é suficiente para você, pois o meu poder se aperfeiçoa na fraqueza." (2 Coríntios 12:9) Exatamente como Jesus foi crucificado na fraqueza e vive com todo o poder agora, o mesmo é verdadeiro para nós se formos a ele com nossa fraqueza. Nosso poder vem do Espírito Santo trabalhando em nós. Jesus disse aos seus discípulos: "Esperem pela promessa de meu Pai [...] receberão poder quando o Espírito Santo descer sobre vocês" (Atos 1:4-8). Negar ao Espírito Santo um lugar em seu coração é limitar o poder de Deus em sua vida.

Devido ao fato de a natureza humana inevitavelmente voltar à escravidão, sempre precisamos de uma fonte fresca que jorre o Espírito Santo. Peça diariamente. A cada manhã faça esta poderosa oração: "Deus, necessito de um novo vigor do poder do seu Espírito Santo trabalhando em mim hoje. Sou fraca, mas tu és todo-poderoso. Seja forte em mim hoje."

Alcançar a restauração total é uma batalha. O inimigo quer que você seja destruída. Deus quer lhe restaurar. A presença do Espírito Santo em nós garante que nenhum poder tenha sucesso em colocar-nos sob a escravidão: "As armas com as quais lutamos não são humanas; ao contrário, são poderosas em Deus para destruir fortalezas." (2 Coríntios 10:4)

A Bíblia nos avisa que nos últimos dias algumas pessoas serão amantes de si mesmas, amantes do dinheiro, ostentadoras, orgulhosas e assim vai, em uma lista sem fim, descrevendo-as como "tendo aparência de piedade, mas negando o seu poder. Afaste-se desses também". (2 Timóteo 3:5) Não se deixe levar pela negação do poder de Deus nem vire as costas para este presente que Deus quer lhe dar.

Não seja uma vítima das circunstâncias. Não se permita ser atormentada. Não fique sentada enquanto a vida parece estar se desmoronando. Não viva sua vida em termos de energia humana. Deixe que o poder de Deus a capacite para extrapolar seus limites. Use a autoridade que lhe foi dada sobre o mundo, mantendo em mente que o diabo sempre desafiará sua autoridade. Não deixe que ele se saia bem nessa luta.

De que servem as chaves de Deus disponíveis a nós se nunca as usarmos para destrancar as portas da vida? Para que serve o poder de Deus se você nunca o recebe e usa? Abra o presente do poder que foi lhe dado. Sua vida depende dele.

O que a Bíblia diz sobre receber de Deus o dom do poder

> Ele fortalece o cansado e dá grande vigor ao que está sem forças. (Isaías 40: 29)

> Pois, na verdade, foi crucificado em fraqueza, mas vive pelo poder de Deus. Da mesma forma, somos fracos nele, mas,

pelo poder de Deus, viveremos com ele para servir vocês. (2 Coríntios 13: 4)

Aquele que está em vocês é maior do que aquele que está no mundo. (1 João 4: 4)

Pois Deus não nos deu espírito de covardia, mas de poder, de amor e de equilíbrio. (2 Timóteo 1: 7)

Eu lhes dei autoridade para pisarem sobre cobras e escorpiões, e sobre todo o poder do inimigo; nada lhes fará dano. (Lucas 10: 19)

O dom do descanso

Devido à minha própria personalidade, sempre foi difícil discernir se as atitudes que tomava faziam parte da forma como Deus me criara ou eram ainda partes da escravidão. Uma das minhas características positivas é que sempre tive muita energia, era motivada, incansável, ativa e cheia de vida. A versão negativa disso tudo é ser hiperativa, intensa, nervosa, desassossegada e irrequieta. Mary Anne, conselheira a quem fui dirigida pela igreja, me disse um dia: "Não há sossego em seu espírito, Stormie. Ocasionalmente, isso se sobrepõe a tudo."

Mesmo tendo acertado tanto sobre mim o tempo todo, não fiquei convencida dessa vez. Afinal, já tinha tido treze anos de cura, liberação e crescimento, já conseguia ensinar a outros sobre a esperança da libertação e a liberdade no Senhor. Certamente, isso contava para alguma coisa. No começo pensei que Mary Anne estava cansada da minha personalidade que queria estar sempre na primeira fila, especialmente em contraste com o passo tranquilo e de retaguarda dela. Talvez eu estivesse perdendo seu encorajamento e apoio totais. Orei quando estava sozinha: "Senhor, mostre-me se isso é verdade. Há algo causando algum mal-estar em mim?"

Mais tarde, naquela semana, Mary Anne me telefonou uma manhã para contar sobre um sonho que tivera, quando sentiu que Deus lhe revelara que minha falta de sossego era porque não havia perdoado meu pai. Rejeitei aquela ideia imediatamente. Obviamente, ela não conhecia meu pai. Ele nunca tinha feito nada ruim para mim.

Depois que ela desligou, ponderei sobre o que conversamos e pedi ao Senhor que me mostrasse se havia alguma verdade naquilo. Quando o fiz, uma onda de dor, raiva, ressentimento e falta de perdão em relação a meu pai apareceu.

Confessei aquele pecado diante do Pai, e lágrimas que nunca rolaram, durante uma vida toda, surgiram, limpando cada parte do meu ser.

Essa falta de perdão escondida evitava que eu confiasse em qualquer autoridade masculina, incluindo Deus. Sentia que precisava cuidar de tudo sozinha. Era algo sutil e inconsciente, que não se manifestava em mim como rebelião, mas como falta de sossego. *Eu* tinha que ser aquela que faz as coisas acontecerem ou que *evita* que coisas ruins aconteçam.

Contudo, após esse momento de libertação, entrei em um lugar de descanso no Senhor, profundo e calmo, como nunca conhecera antes. Era um lugar já providenciado para mim por Deus, mas porque não percebia esse pecado escondido, talvez nunca fosse capaz de entrar nele.

Descansando nele

O descanso é uma "âncora da alma" (Hebreus 6: 19) que nos mantém longe de naufragar nos mares das circunstâncias. Não é apenas o sentimento de bem-estar que sentimos durante as férias ou no relaxamento de uma excelente noite de sono; o descanso verdadeiro é um lugar dentro de nós mesmos onde podemos ficar quietos e saber que Deus está lá, não importa o que pareça estar acontecendo ao nosso redor.

Jesus disse: "Venham a mim, todos os que estão cansados e sobrecarregados, e eu lhes darei descanso" (Mateus 11:28). Ele nos instruiu a não permitir que nosso coração seja perturbado, mas resistir, decidindo descansar nele. Precisamos dizer: "Deus, escolhi este dia para descansar como o Senhor quer para mim. Mostre-me como."

Quando fizer isso, Deus revelará tudo o que nos atrapalha. Descansar é lançar "sobre ele toda a sua ansiedade, porque ele tem cuidado de vocês" (1 Pedro 5:7) e aprender a estar contente não importa quais sejam as circunstâncias (Filipenses 4:11) — não necessariamente estar *feliz* com as circunstâncias, mas ser capaz de dizer: "Deus está no controle, já orei sobre isso. Ele conhece minha necessidade, estou obedecendo da melhor forma que posso e sei. Posso descansar."

Sabotando seu próprio descanso

Por que, então, temos tantos problemas e não somos capazes de descansar? Por que nos sentimos ansiosos o dia todo? Por que sucumbimos aos tranquilizantes, pílulas para dormir, álcool, drogas, televisão ou qualquer outra coisa que anuvie nossa mente e pare os processos do pensamento? A Bíblia ilustra o descanso como sendo perturbado pelo pecado, rebelião e ansiedade.

1. *Pecado.* O pecado nos separa de *tudo* o que Deus quer para nós, incluindo o descanso que provém e está nele.

> Mas os ímpios são como o mar agitado, incapaz de sossegar e cujas águas expelem lama e lodo. "Para os ímpios não há paz", diz o meu Deus. (Isaías 57: 20,21)

Não somos os ímpios de quem ele está falando, mas cometemos pecado, sim. Ficamos preocupados, duvidamos, temos amargura e falta de perdão, não lançamos nossas preocupações no Senhor e nem sempre observamos o tempo do repouso.

2. *Rebelião.* Somos rebeldes se nos recusamos a jejuar quando Deus pede que jejuemos, se recusamos dar quando Deus nos diz para ofertar, se recusamos fazer exercícios quando Deus nos fala para cuidarmos de nosso corpo, se recusamos

perdoar e se continuamos a andar quando ele nos manda descansar. Somos pessoas teimosas:

> Por isso fiquei irado contra aquela geração e disse: O seu coração está sempre se desviando, e eles não reconheceram os meus caminhos. Assim jurei na minha ira: jamais entrarão no meu descanso. (Hebreus 3: 10, 11)

Quando nosso coração se revolta contra o que sabemos que deveríamos fazer, de acordo com a vontade de Deus, perdemos nosso lugar de descanso.

3. *Ansiedade.* Davi diz no Salmo 55: 4-6:

> O meu coração está acelerado; os pavores da morte me assaltam. Temor e tremor me dominam; o medo tomou conta de mim. Então eu disse: Quem dera eu tivesse asas como a pomba; voaria até encontrar repouso.

Quantas vezes já não nos sentimos assim? Somos pressionados de todos os lados pela angústia, problemas, dores, aflições, preocupações, medo e horror. Achamos que a única forma de encontrarmos descanso é fugir. Mas Deus nos ordena que oremos e deliberadamente arranjemos um tempo para descansar nele.

O presente de Deus é que deveríamos ter um dia completo de descanso a cada semana e não perderemos nada fazendo isso. Significa dar descanso à alma, tanto quanto ao corpo — um dia de férias para nossas preocupações, problemas, prazos de vencimentos, necessidades, obrigações ou decisões futuras. Se Deus mesmo observou um dia de descanso, como poderemos sobreviver sem isso? Peça-lhe que remova qualquer coisa que esteja no caminho do dom de descanso que ele tem para você.

O que a Bíblia diz sobre receber de Deus o dom do descanso

Assim, ainda resta um descanso sabático para o povo de Deus. (Hebreus 4:9)

A minha alma descansa somente em Deus; dele vem a minha salvação. (Salmo 62:1)

Venham comigo para um lugar deserto e descansem um pouco. (Marcos 6:31)

Ao qual dissera: "Este é o lugar de descanso. Deixem descansar o exausto. Este é o lugar de repouso." Mas eles não quiseram ouvir. (Isaías 28:12)

Vejam que o Senhor lhes deu o sábado... Então o povo descansou no sétimo dia. (Êxodo 16: 29,30)

PARTE 2

As armadilhas da vida

Uma mentira é uma afirmação incorreta ou falsa que só tem poder se acreditarmos nela. Então, torna-se uma ilusão. Ilusão é andar, pensar, agir ou sentir oposto ao caminho de Deus e acreditar que se está correto. É acreditar que as coisas estão em um certo caminho quando na verdade não estão. O diabo é o enganador e somos enganados quando ficamos do seu lado. A ilusão permite que uma mentira entre em nossas ações.

Eu acreditei na mentira: "Não é um ser humano; é somente uma massa de células. A alma do bebê e o espírito entram em seu corpo no nascimento. Além disso, é minha vida, e tenho meus direitos." Enganada, não me senti culpada por tirar a vida de outra pessoa por meio do aborto. Mas isso não tornou minha atitude menos errada ou as consequências menos dolorosas.

Precisamos manter todas as coisas em nossa vida sob a luz da Palavra de Deus para encontrarmos a verdade. Não podemos caminhar só de acordo com o que o mundo aceita ou rejeita porque isso nos põe em um campo inseguro. A ilusão do aborto faz com que pensemos que não há nada de errado já que é legalmente aceito [nos Estados Unidos]. Mas quando a vida de uma outra pessoa está em jogo, não podemos pensar somente em *nossa vida* e em *nossos* direitos. A vida de outra pessoa precisa e deve ser levada em consideração e somos, na verdade, enganados quando não reconhecemos isso.

Como estava desesperada no momento dos abortos, atribuí meus maus sentimentos sobre eles à vergonha. Não considerava essa atitude imoral até renascer e ler as Escrituras:

> Antes de formá-lo no ventre eu o escolhi, antes de você nascer, eu o separei. (Jeremias 1: 5)

> Tu criaste o íntimo do meu ser e me teceste no ventre de minha mãe. (Salmo 139:13)

Também li relatos médicos sobre bebês sobreviverem fora do ventre antes do quinto mês de gestação e sobre bebês dentro do útero perceberem os estímulos de luz e som. "Bebês no ventre podem ser capazes de ver, ouvir, sentir gosto e sentir emoções", disse John Grossman em *Born Smart* [Nascer Inteligente]. Tenho que admitir que matei alguém que Deus criou com habilidades e dons, chamado e propósito. Chorei. Não, fiquei de luto. Aborto é uma ilusão e uma armadilha que nos espera se concordarmos com ele.

Obviamente, a graça de Deus significa que não pagamos pelas coisas que merecemos, mas há consequências. Nunca ouvi alguém que fez um aborto dizer: "Sinto-me totalmente realizada e motivada com o que fiz. Sei que sou uma pessoa privilegiada e melhor pelo meu ato."

A vida nunca mais foi a mesma para mim. Adicionei mais um segredo negro à minha coleção e não pude me sentir completamente bem comigo mesma.

Todo mal acontece pela ilusão. O diabo nos instiga a aceitar coisas que são contrárias aos caminhos de Deus. Ele desperta o interesse da nossa carne por assuntos nebulosos, para fazer com que apareçam em diferentes tons de cinza. Aceitamos o cinza como sendo somente uma tonalidade de branco em vez de uma alteração do preto, o que de fato é.

Dando um passo à frente

Há uma linha divisória entre o reino de Deus e o do diabo, e há pessoas no limite dos dois reinos. Isso faz com que entrem no território do diabo e com que ele controle uma parte de seus corações no processo. Basta aceitar uma pequena mentira, como "o corpo é meu", "a vida é minha", ou "tenho meus direitos". Tais mentiras levam a uma pequena luxúria, um pequeno adultério, um pequeno roubo, um pequeno assassinato. Contudo, ou a ação é um roubo, um assassinato, um adultério, luxúria de verdade, ou não é. Ou você está no reino de Deus ou com o diabo. Preto é preto e branco é branco.

O mal por trás da ilusão do aborto é um espírito assassino. Isso não significa que eu andava assassinando pessoas porque estava com aquele espírito em mim. Mas significa que em minha alma eu pagaria o preço por meu desrespeito pela vida que Deus criou.

Não desfrutaria da vida em sua plenitude porque um processo de morte estava em andamento. Muitas das minhas ações — como usar drogas e beber excessivamente — eram tentativas indiretas de suicídio.

A boa notícia é que *não temos que ouvir mentiras*. Podemos pensar que temos que dar crédito a tudo o que vem em nossa mente, mas não temos. Temos que analisar nossos pensamentos à luz da Palavra de Deus e ver se estão devidamente coerentes com ela.

Um mau espírito está sempre por trás da ilusão. Isso significa que toda ilusão traz cativeiro que só pode ser vencido pela verdade de Deus e por uma vida de acordo com ela. Sem a Palavra em sua mente não é possível identificar as mentiras. E sem oração diária: "Senhor, não me deixe ser enganada", você não pode evitar o enganador. O mal usará tudo o que você não sabe sobre Deus contra você.

Um dos primeiros passos da obediência é tomar conta de sua mente. Sem louvor e adoração, o que permite a presença de Deus encher e orientar sua mente, o enganador se aproveita para manipulá-la de acordo com seus propósitos. Se você não controlar seus pensamentos e alinhá-los com a verdade de Deus, cairá no abismo que o atormentador criou para você.

Deus nos quer livres do pecado das garras da morte, quer tenhamos agido na ignorância ou no total conhecimento, quer nos culpemos ou não. Quando você descobrir que foi enganada, imediatamente confesse e se arrependa. Se você caiu na ilusão do aborto, por exemplo, diga: "Senhor, confesso meu aborto. Não tentarei dar desculpas pelo que fiz porque tu conheces as minhas circunstâncias e o meu coração. Percebo pela tua Palavra que conheces cada um de nós — mesmo no ventre. Seus planos e propósitos para aquela pequena pessoa jamais serão percebidos. Arrependo-me por minha parte nisso e me arrependo das minhas atitudes. Ajuda-me, Senhor, a viver o teu caminho e fazer boas escolhas na vida. Derrama sobre mim a tua misericórdia e liberte-me da pena de morte desse pecado. Em nome de Jesus. Amém."

Depois de confessar e orar, não deixe o mal continuar acusando-a. Você se acertou com Deus, então seja livre para viver a plenitude que Deus tem para você.

Nesta parte do livro, consideraremos vinte ilusões comuns para que você possa reconhecê-las quando estiver tentada a cair em alguma delas. À medida que ler, você pode pensar: "Obviamente que estas são armadilhas!" Mas não seja ingênua. É possível que elas a peguem tão sutilmente que você nem veja o que está acontecendo. Pessoalmente, fui atraída, ou pelo menos tentada, uma vez ou outra, por cada uma delas, mas agora sou capaz de reconhecer a ilusão que me cegava.

No início de cada ilusão listada, exporei a principal mentira que é falada para nos enganar. Se você for capaz de reconhecer estas mentiras sutis quando elas são ditas, então imediatamente as rejeitará. Não permita que qualquer parte do seu ser aceite qualquer parte de uma mentira.

O que a Bíblia diz sobre rejeitar as armadilhas

> Há caminho que parece certo ao homem, mas no final conduz à morte. (Provérbios 14:12)

> Pois cavaram uma cova para me capturarem e esconderam armadilhas para os meus pés. (Jeremias 18:22)

> Quem sair da cova será pego no laço. (Isaías 24:18)

> Todos os caminhos do homem lhe parecem puros, mas o Senhor avalia o espírito. (Provérbios 16:2)

> Em teu amor me guardaste da cova da destruição. (Isaías 38:17)

A ira

A mentira em que acreditamos quando temos frequentes acessos de ira é "*Meus* direitos são mais importantes e, se forem violados, estou justificada da minha raiva". A ilusão da ira é acreditar que temos o direito de sentir raiva dos outros, menos contra o mal. Pessoas e situações que nos fazem ficar com raiva são, na verdade, joguetes do diabo que as usa contra nós.

Depois que fui curada de uma profunda falta de perdão em relação à minha mãe, ainda precisava lidar com uma recorrente raiva com respeito a ela por conta de seu abuso verbal toda vez que nos encontrávamos. "O mal está usando sua mãe para atacá-la, Stormie", Mary Anne explicava, quando eu ia a seu consultório pedir ajuda. "Ela é um receptáculo porque está controlada por aqueles espíritos. Sua guerra é contra o diabo, não contra ela."

Aprender a me irar contra o mal e não contra a minha mãe foi extremamente difícil, especialmente, quando estava com ela. Precisava, constantemente, relembrar-me de quem era o meu verdadeiro inimigo, mas a linha divisória tornava-se, rapidamente, indistinta. Finalmente, fui capaz de controlar minha raiva quando não estava com ela, mas minha mãe faleceu antes que eu pudesse fazer o mesmo, perfeitamente, quando estávamos juntas. Naqueles tempos, confessei minha ira a Deus e pedi a ele que me ajudasse.

Lidando com nossa ira

A Bíblia não diz que nunca devemos sentir raiva, somente determina dois limites. Primeiramente, não devemos machucar alguém verbal ou fisicamente. Em segundo lugar, devemos controlar nossa ira rapidamente e não carregá-la dentro de nós para que pequemos.

Uma forma de controlarmos nossa ira é entender qual é a parte do diabo e, deliberadamente, dirigi-la a ele, repreendendo-o, denunciando-o e expulsando-o em nome de Jesus. Irar-se contra os outros — esposo, esposa, criança, amigo, autoridade, estranho, nós mesmos — não é certo. Temos que nos recusar a dar oportunidade para o diabo manipulá-los, e isso deve ser decidido *antes* que a raiva surja.

Meu marido concordou com Mary Anne que eu não deveria ficar sozinha com minha mãe. Quando visitávamos meus pais, ia toda a família. Antes de irmos, orávamos e amarrávamos os espíritos que estavam em minha mãe, paralisando seus poderes para não me atacarem. Pedia a Deus para encher-me com seu amor e me relembrar de direcionar minha ira ao diabo. Isso me ajudou imensamente. Não posso dizer que sempre fui bem-sucedida, mas fui capaz de dar a outra face para algumas de suas ofensas.

Se a ira não for tratada apropriadamente na presença do Senhor, tornar-se-á um *espírito* de ira, que controlará sua vida. Se você é suscetível a inesperados acessos de cólera ou se ela supera o nível da ofensa e é repetida e incontrolável, então pode estar com um espírito de ira em sua vida. Pode ser herdado dos pais ou adquirido por observar as explosões deles quando criança. Ou se você foi vítima de uma explosão de raiva de alguém, sua própria falta de perdão ou incapacidade de libertar-se daquela memória pode fazer com que reaja violentamente agora. A ira, normalmente, tem mais a ver com uma situação em que a pessoa foi machucada do que com seu próprio ódio.

A Bíblia diz: "Livrem-se de toda amargura, indignação e ira, gritaria e calúnia, bem como de toda maldade. Sejam bondosos e compassivos uns para com os outros, perdoando-se mutuamente, assim como Deus os perdoou em Cristo" (Efésios 4:31-32). Também diz que, se não fizermos isso, afligiremos o Espírito Santo.

Você nunca encontrará a paz, a restauração e a plenitude se alimentar um espírito de ira. Cada acesso de cólera será um passo para trás de onde você quer ir ou estar, e isso impedirá que suas orações sejam respondidas.

Se sentir que foi sucumbida pela armadilha da ira, fale com autoridade e em voz alta ao mal: "Espírito de ira, identifico sua presença e repreendo seu controle no nome de Jesus. Digo que não tem poder sobre mim e que me enraivecerei somente contra ti. Recuso deixá-lo dominar minha vida por conta de meus acessos de cólera. Declaro que Jesus é o Senhor da minha vida e que ele dirige minha mente, alma e espírito. Ira, saia de mim em nome de Jesus."

Então, louve ao Senhor e agradeça a ele por ser muito mais poderoso do que todos os maus espíritos juntos.

Ou nós expressamos nossa ira contra os outros, o que nos leva à destruição, ou a mantemos dentro de nós, fazendo com que fiquemos fisicamente doentes e deprimidos, ou direcionamos nossa cólera ao mal. A escolha é claramente nossa. Evite essa armadilha, fazendo a escolha certa.

O que a Bíblia diz sobre a ira

> Quando vocês ficarem irados, não pequem. Apaziguem a sua ira antes que o sol se ponha, e não deem lugar ao Diabo. (Efésios 4:26,27)

> Não se associe com quem vive de mau humor, nem ande em companhia de quem facilmente se ira; do contrário você acabará imitando essa conduta e cairá em armadilha mortal. (Provérbios 22:24,25)

O homem irado provoca brigas, e o de gênio violento comete muitos pecados. (Provérbios 29:22)

Qualquer que se irar contra seu irmão estará sujeito a julgamento. (Mateus 5:22)

Não permita que a ira domine depressa o seu espírito, pois a ira se aloja no íntimo dos tolos. (Eclesiastes 7:9)

Mentiras sobre você

A falácia principal em que acreditamos quando aceitamos mentiras sobre nós mesmas é "Não tenho o necessário para fazer isso e não tenho como conseguir". É bom reconhecer nossa fraqueza e carência, mas temos que fazer isso na presença de Deus, reconhecendo que *ele* provê tudo o que precisamos.

Caímos nessa ilusão por julgar nosso valor de acordo com os padrões do mundo e não com os de Deus. O sistema de competição e comparação do mundo é destrutivo e traz sentimentos de intimidação e inadequação, já que faz com que as pessoas concorram entre si em relação aos dons dados a cada uma por Deus. Ele diz que somos únicos e valiosos. *A armadilha é dificultar nossa vida e agirmos de acordo com o que achamos que deveríamos ser e não percebermos o que Deus diz que somos de fato.*

Reforço negativo de pais ou daqueles próximos a nós faz com que seja mais difícil reconhecer pensamentos negativos sobre nós mesmos como mentiras. Nós os escutamos por longo período e não conseguimos duvidar de sua veracidade.

"Você não tem valor! Você não é nada! Você é idiota! Você é um fracasso! Você nunca será coisa alguma!" Eram palavras que minha mãe usava comigo repetidas vezes. Elas eram reforçadas pela falta de afeto e incapacidade de educar. Vivíamos em um rancho a quilômetros de qualquer um, por isso eu não tinha o reforço positivo de amigos ou parentes, o que poderia ter diminuído o impacto da negligência de minha mãe. Todos os dias, ouvia as mesmas palavras e cresci acreditando naquelas mentiras. Essa programação negativa coloriu todas as minhas ações e decisões.

Já que eu acreditava que era ninguém, tornei-me desesperada para provar que era alguém. Agarrei-me a coisas em vez de deixá-las acontecer; necessitava de aprovação; precisava ser notada. Desesperada por amor, envolvi-me em relações destrutivas uma atrás da outra. No entanto, nenhum amor, aprovação ou reconhecimento jamais preencheu o vazio da minha vida porque acreditava naquelas mentiras sobre mim. A última mentira em que acreditei era que a única saída para mim seria o suicídio.

Respeitando a obra de Deus

O dicionário define autoestima como "crença em si mesmo e autorrespeito". Baixa autoestima, que é a falta daquelas duas qualidades, é o hábito de aceitar mentiras sobre si mesmo. Quando a baixa autoestima ou falta de autovalor tomam o controle da personalidade, pode ser paralisante. Ficamos com medo de fazer qualquer coisa porque podemos falhar, então cada ação parece descomunal.

Todos queremos ser alguém. A verdade é que Deus criou cada um de nós para ser alguém e nenhuma vida é um acidente ou indesejada aos olhos dele. Ele deu a cada um de nós um propósito e um chamado diferente. Não é humildade negar as qualidades extraordinárias de Deus em nós, isso é baixa autoestima.

Alta autoestima significa enxergar-se como Deus a fez, reconhecendo que você é uma pessoa única na qual ele colocou dons, talentos e propósitos específicos, diferentes de qualquer outra pessoa. Lembre-se disso — corte e cole isso em sua mão e coração, repita cinquenta vezes por dia em voz alta. Faça qualquer coisa para ajudá-la a se lembrar disso. Essa é a verdade incondicional sobre você, quer enxergue ou não, quer qualquer outra pessoa reconheça isso ou não: "Cada um tem o seu próprio dom da parte de Deus" (1 Coríntios 7:7).

Você tem que ser capaz de ver que mesmo sem dinheiro, sem trabalho, sem seu talento, sem ter seu cabelo arrumado ou maquiagem, sem ser magra, sem roupas boas, casa, carro ou família, *você tem o seu valor.* Quando permitir que Deus lhe mostre o que ele pensa sobre você e deixar essa verdade entrar em cada fibra do seu ser, qualquer coisa que for adicionada ou tirada não a fará cair nem a derrubará.

Aprendi a dar valor a mim mesma como Deus me dá valor, agradecendo, deliberadamente, a cada coisa positiva que vejo. "Obrigada, Senhor, por estar viva, por poder andar, por poder falar, por poder ver, por poder preparar uma refeição, por poder escrever cartas, por ser pura, por amar meus filhos, por conhecer a Jesus. Obrigada, Deus, por ter me feito uma pessoa com valor e com propósito."

Quando louvamos a Deus por coisas específicas, estamos convidando sua presença a trazer transformação. É o melhor remédio que conheço para não mais acreditar nas mentiras sobre nós.

Este pode ser um conceito difícil de se entender, mas, na verdade, é muito simples. Você está escolhendo agradecer a Deus no meio das coisas negativas, com fé de que ele não a deixará lá por muito tempo. Você está dizendo: "Obrigada, Deus, por esta coisa negativa que vejo em mim ter um aspecto positivo que tu estás trabalhando em mim."

Por exemplo, assim como muitas pessoas que passaram pelo medo do abuso verbal que sofreram na infância, sou muito sensível aos comentários de outras pessoas. Isso é uma característica negativa. Alguém que é facilmente machucada coloca outras pessoas em uma posição delicada, como andar em cascas de ovos ou ser responsável por magoá-las. Louvando a Deus no meio da supersensibilidade, permiti que ele transformasse aquela qualidade negativa em uma positiva — aquela de ser sensível a outras pessoas em vez de a mim mesma.

Se seus pais, irmão, irmã, amigo ou estranho disseram: "Não há esperança para você. Você não consegue fazer nada. Não possui nenhuma qualidade!", dê uma boa olhada nessas palavras e reconheça quem está por trás. Diga ao mal: "Diabo, não irei ouvir mais suas mentiras sobre mim. Não sou um acidente cósmico como você queria que eu acreditasse. Tenho valor. Tenho propósito. Tenho dons e talentos. Deus disse isso sobre mim e não vou contradizer meu Pai celestial. Repreendo suas mentiras e me recuso a ouvi-las."

A Bíblia diz: "Todo reino dividido contra si mesmo será arruinado" (Lucas 11:17). Isso significa que uma pessoa que se virou contra si mesma não prosperará. Uma grande parte da sua dor emocional pode ter sido causada por você ter acreditado em coisas falsas sobre sua vida. Muitas vezes, Deus foi o único a acreditar em mim, mas foi o suficiente. Sei agora que, porque acredito nele e ele acredita em mim, posso vencer. *Você* também pode!

O que a Bíblia diz sobre acreditar em mentiras sobre você

Deus nos escolheu nele antes da criação do mundo, para sermos santos e irrepreensíveis em sua presença. (Efésios 1:4)

Antes de eu nascer, o Senhor me chamou; desde o meu nascimento, ele fez menção de meu nome. (Isaías 49:1)

Até os cabelos da cabeça de vocês estão todos contados. Não tenham medo; vocês valem mais do que muitos pardais. (Lucas 12:7)

Deus não trata as pessoas com parcialidade, mas de todas as nações aceita todo aquele que o teme e faz o que é justo. (Atos 10:34,35)

Vocês, porém, são geração eleita, sacerdócio real, nação santa, povo exclusivo de Deus, para anunciar as grandezas daquele que os chamou das trevas para a sua maravilhosa luz. (1 Pedro 2:9)

Culpar Deus

A mentira em que acreditamos quando culpamos a Deus é "Deus poderia ter evitado que isso acontecesse. Ele poderia ter feito as coisas serem diferentes". A verdade é que Deus nos deu o livre arbítrio e não o violará. Como resultado, *todos nós fazemos escolhas e as coisas são como são por causa delas.* Ele também nos dá limitações que são para a nossa proteção. Se violarmos aquela ordem, deixando nossas circunstâncias ao acaso ou ao trabalho do diabo, provocaremos destruição.

Antes de conhecer o Senhor, eu o culpava por tudo. Pensava: *Se Deus é tão maravilhoso, por que há sofrimento? Por que ele não me tira a angústia e a dor? Por que tive uma mãe abusiva? Ele certamente sabia que ela era louca. Por que não me fez diferente? Sou uma boa pessoa. Não roubo lojas de bebida. Não matei ninguém. Não deveria ser recompensada?*

Estava confusa sobre quem era Deus e acabei culpando-o pelas coisas que aconteceram. Não entendia que ele era bom, que estava ao meu lado e que queria o melhor para mim. Não entendia a importância de viver no caminho de Deus. Também não entendia que o diabo é o inimigo que quer me destruir. Eu culpava Deus por coisas que o diabo faz. Quando finalmente aprendi a distinguir a vontade de Deus do trabalho do inimigo, fui libertada do cativeiro de culpar Deus.

Sem saída

Culpar Deus é muito mais comum do que a maioria de nós admite, especialmente por aqueles que foram abusados, negligenciados ou profundamente desapontados por autoridades. A tendência é pensar, no subconsciente, em Deus como sendo aquele pai, avô, professor ou chefe que ofende, projetando nele atitudes e comportamento que não têm nada a ver com quem ele é realmente.

Também culpamos Deus por qualquer coisa negativa que nossos pais tenham dito sobre nós. Sentimos que Deus deve ter nos criado do jeito que eles dizem que somos e nos perguntamos por que Deus foi tão negligente. Também projetamos imperfeições humanas nele. Por exemplo, nós o culpamos se nossos pais não nos queriam ou amavam.

Imaginamos um Deus *autoritário* (ruim, severo, exigente, impiedoso, que espera por perfeição). Ou pensamos nele como *distante* (frio, incomunicável, descuidado). Ou podemos vê-lo como *fraco* (passivo, impotente, incapaz de ajudar, um observador que nada faz a nosso favor). Ou o vemos como *muito bom* (um Papai Noel divino). Tais projeções nos farão ter sentimentos negativos contra Deus.

Para parar de culpar Deus, temos que conhecer como ele realmente é. E podemos descobrir olhando para Jesus, que disse: "Quem me vê, vê o Pai" (João 14:9). A menos que deixemos Jesus entrar em cada parte de nossa vida, nunca saberemos realmente como é Deus.

Quando você verdadeiramente conhece Jesus, percebe que Deus Pai é justo e piedoso. Seu amor é ilimitado e infalível. Ele não despreza, abusa, esquece, ou compreende mal. Ele nunca desapontará ou será imperfeito. Quando nós entendemos quem Deus é de verdade e paramos de culpá-lo, encontramos paz e segurança.

Meu marido e eu temos um amigo que é abençoado de muitas formas, mas expulsou Deus de sua vida, culpando-o por um acidente de carro no qual sua irmã morreu e deixou-o ferido tão gravemente que acabou com sua promissora carreira esportiva. Após quinze anos, ele ainda questiona amargamente por que Deus não impediu que aquilo acontecesse. A verdade é que o acidente nunca foi plano de Deus. Foi o diabo que veio para destruir porque a morte *é* parte de *seu* plano. Este é um homem bom, mas ele é angustiosamente frustrado e não realizado porque impediu Deus de trabalhar poderosamente em sua vida.

Se você está irritada ou magoada com Deus, então precisa conhecê-lo melhor porque há muito sobre ele que você não conhece completamente. A melhor coisa a se fazer é ser honesta com ele sobre isso. Você não o magoará — ele já sabe de tudo. Ore a ele dizendo: " Pai, eu estava brava contigo por causa dessa situação em particular (seja específica). Eu odiei o que aconteceu e te culpei por isso. Por favor, perdoa-me e ajuda-me a me libertar dessa mentira. Tire de mim meus equívocos sobre ti e ajuda-me a conhecer-te melhor."

Culpar Deus é uma atitude de perda. Nós nos colocamos em um beco sem saída em vez de reconhecermos Deus como a *única* saída. Culpar Deus é depositar a raiva em lugar errado, que será canalizado interiormente — fazendo com que você fique doente, frustrada e não realizada — ou exteriormente — fazendo com que você odeie seu marido ou esposa, abuse de seus filhos, trate rudemente um amigo, não coopere com um colega de trabalho ou se exceda com estranhos. Pessoas que são nervosas ou agressivas estão, normalmente, culpando Deus por alguma coisa em vez de entender que o diabo é seu inimigo.

O oposto de culpar Deus é confiar nele. Decida agora em quem confiará. Você não avançará em direção a tudo o que Deus tem para você se guardar qualquer amargura ou culpa mal direcionada em seu coração.

O que a Bíblia diz sobre culpar Deus

Não se pode nem pensar que Deus faça o mal, que o Todo-poderoso perverta a justiça. (Jó 34:12)

É a insensatez do homem que arruína a sua vida, mas o seu coração se ira contra o Senhor. (Provérbios 19:3)

Os ímpios tramam contra os justos, e rosnam contra eles. (Salmo 37:12)

Não confiem na extorsão. (Salmo 62:10)

Como são felizes todos os que nele se refugiam! (Salmo 2:12)

O abuso infantil

A mentira em que acreditamos quando abusamos de nossos filhos é "Nunca farei qualquer coisa que magoe meu filho porque sou uma pessoa boa, porque sei o que é abuso infantil e porque eu amo meu filho".

Infelizmente, boas intenções não serão suficientes quando as pressões da maternidade ou paternidade, e feridas do passado insurgirem e colidirem em um momento de fraqueza.

Sempre pensei em mim como aquela que havia sido abusada. Nunca me ocorreu que tivesse coragem de abusar. Mas abusei e isso foi criado em mim na minha infância. Quando meu primeiro filho nasceu, em meu subconsciente esperava que ele me confortasse, me amasse e me realizasse, no entanto nada disso aconteceu. Anos depois, o livro *How to Really Love Your Child* [Como realmente amar seu filho] do Dr. Ross Campbell ajudou-me a entender aqueles sentimentos. Ele diz: "O papel inverso é a primeira relação no assustador fenômeno de abuso infantil. O pai ou a mãe que abusa sente que seu filho deve cuidar das necessidades emocionais dos adultos, que o pai ou a mãe tem o direito de ser acalentado e confortado por seu filho. Quando a criança não faz isso, o pai ou a mãe sente-se no direito de puni-la."

O que eu sentia dentro de mim ia além de uma irritação ou frustração normal com um comportamento infantil. Era violento, uma histeria sem controle, incentivada por uma energia sobrenatural que trazia satisfação em machucar alguém. No seu extremo, é a mesma força destrutiva que leva ao estupro e ao assassinato impiedoso.

Eu pensava que apenas a determinação em ser uma boa mãe e ser amada por meu filho era tudo o que eu precisava, mas não era. O dano emocional do meu passado havia me tornado uma pessoa que, potencialmente, poderia abusar de outra criança e só o amor restaurador de Deus resgatou-me desse terror.

Perdoando seus pais

O abuso é um tratamento indesejável que baixa o valor próprio — abuso verbal, negligência, falta de amor perceptível — assim como surras e molestações. Se a criança não percebe sua aceitação pelos pais, ela cresce com uma sede autodestrutiva por amor que não pode ser saciada por nenhum ser humano. As necessidades não satisfeitas na infância serão igualmente fortes quando for adulta, mas elas serão espertamente camufladas.

Se você foi abusada quando criança, não se engane ao dizer a si mesma: "Nasci novamente — não deveria doer mais. Deve haver algo errado comigo."

O fato de ainda doer não nega seu renascimento ou a faz menos espiritual. A cura, a libertação e conhecer o amor de Deus levam um tempo antes que a total confiança aconteça porque as pessoas tendem a ver Deus da mesma forma que viam seus pais.

Perdoar seus pais é uma grande parte da cura (e crucial para que você evite a armadilha de abusar de seus próprios filhos). Você precisa perdoar o pai que nunca te protegeu, a mãe que te maltratou e abusou de você, o padrasto que nunca te amou, o avô ou tio que abusou sexualmente de você, o pai ou a mãe que nunca estava presente ou te deixou, que era fraco e a abandonou emocionalmente para beber, comer ou se drogar para esquecer, que era egoísta e a relembrava de que você nunca foi desejada, ou que era emocionalmente deficiente e nunca soube como criá-la adequadamente.

Essas experiências amargas *continuarão* machucando se você não chorar e clamar ao Senhor pedindo que ele a ajude a perdoar. Você não só se machucará com a falta de perdão, mas, muito pior, também machucará os seus próprios filhos. Para o bem deles, se não para o seu próprio, precisa se libertar completamente do passado. A Bíblia diz:

> Ainda que me abandonem pai e mãe, o Senhor me acolherá. (Salmo 27:10)

Ver seu pai ou sua mãe como a criança que pode ter sido não amada, maltratada ou traumatizada ajudará a perdoar, apesar de muitas pessoas conhecerem pouco ou nada sobre o passado de seus pais. A maioria dos incidentes, especialmente os ruins, são raramente comentados, mesmo por um outro parente. Quando você entende que seu pai ou sua mãe não recusaram amá-la deliberadamente, mas, na realidade, nunca tiveram isso antes, torna-se mais fácil perdoá-los. Algumas vezes, o que um pai ou uma mãe não fizeram machuca tanto quanto um pai ou uma mãe que *abusou*. O não envolvimento, ou a má vontade do pai ou da mãe em resgatá-la, soa como uma traição. A falta de perdão para com aquele pai ou mãe não envolvidos e comprometidos é mais difícil de reconhecer, mas é mais comum do que se pensa. Peça a Deus para que ele revele qualquer falta de perdão em relação a um pai ou mãe que nunca veio resgatá-la. Se esse evento existiu, você tem que lidar, honestamente, com os seus sentimentos em relação a isso.

Aconselhei uma jovem com quem o pai manteve relações sexuais regularmente. Por ser a única pessoa da família que não apanhava (é comum um pai ou mãe que abusa escolher um dos filhos para tratar dessa maneira), ela sentia que ele a favorecia. Começou a sofrer de profunda depressão e tinha pensamentos suicidas quando veio até mim para pedir ajuda.

—Você precisa perdoar o seu pai, Cyndie — sugeri.

— Por quê? Ele sempre foi bom para mim — replicou imediatamente.

— Cyndie, ele falhou com você. Ele não te batia, mas destruiu sua autoestima ao ter relações sexuais com você.

Eu disse isso tentando me recuperar do choque ao ver que ela fora enganada a ponto de pensar que seu pai não havia feito nada de errado. Nunca fui capaz de convencer Cyndie do que eu dizia, mas a enviei a um profissional que, após um ano de terapia, ajudou-a a admitir que seu pai havia falhado com ela e que precisava perdoá-lo. Sua vida se transformou.

Todos precisamos de pais que nos amem, encorajem, cuidem, sejam carinhosos, que acreditem no melhor de nós, que se interessem pelo que fazemos. Aqueles de nós que não tiveram pais assim, têm necessidades que somente Deus pode satisfazer. Não podemos voltar no tempo e encontrar alguém para nos proteger e criar, nem devemos exigir isso de um esposo ou esposa, ou amigos que não podem fazê-lo. Isso tem que vir de nosso Pai celestial.

E se o dano já foi causado?

Uma das questões que me perguntam com frequência é "O que fazer para corrigir o dano que causei a meus filhos?"

Se você sentir que abusou, negligenciou ou falhou em comunicar amor a sua criança, pode começar a corrigir isso. Nunca poderá mudar o que já foi feito, mas Deus pode usá-la como um instrumento de cura para as feridas que causou e você pode seguir os seguintes passos para ajudar a restaurar o seu relacionamento.

1. *Confesse ao Senhor o que você fez.* Peça a Deus para curá-la, libertá-la e transformá-la em uma mãe amorosa e paciente. Peça sabedoria a ele para criar seus filhos e peça a ele para ajudá-la a proferir palavras de restauração e cura para cada um.

2. *Procure ajuda profissional imediatamente se estiver abusando de seu filho ou sentir que ele está em perigo.* Ligue para um telefone de emergência e comunique o abuso infantil, *também* converse com um conselheiro cristão ou um pastor. Se necessário, deixe que um amigo ou membro da família tome conta de seu filho por alguns dias.

3. *Vá até a criança e peça perdão.* Olhe bem em seus olhos e diga: "Eu te amo, mas falhei em mostrar meu amor apropriadamente." Se houver incidentes específicos, nomeie-os. Diga a ela que Deus está mostrando a verdade sobre você mesma e que quer ser diferente com a ajuda de Deus.

Mesmo que seu filho seja pequeno e não entenda, diga assim mesmo. Ele entenderá o espírito do que está sendo dito e isso trará cura. Mais tarde, quando puder entender, fale com ele novamente. Não fique com medo da rejeição. A maioria das crianças gostará muito de sua honestidade e franqueza.

Continue dizendo que você lamenta se fez alguma outra coisa abusiva. Diga à criança que Deus a está ajudando, mas que você ainda tem muito para aprender. Peça o perdão da criança e encoraje-a a dizer: "Eu perdoo você." É importante que ela diga essas palavras mesmo que não sinta isso sinceramente. O que dizemos influencia nossa alma.

4. *Ore pela criança diariamente.* Diga: "Deus, faça dessa criança tudo o que a criaste para ser. Não permita que eu faça

qualquer coisa que a prejudique. Cura suas feridas e nosso relacionamento."

5. *Passe tempo com a criança e fortaleça o relacionamento.* Olhe nos olhos da criança todos os dias e fale palavras de encorajamento e enaltecimento. Diga: "Eu te amo muito e você é ótima." Faça algo com ela ou para ela que demonstre claramente seu amor.

6. *Busque sua cura.* Uma das melhores coisas que você pode fazer para seu filho é tornar-se uma pessoa sadia. É difícil criar e amar uma criança se você nunca foi criada e amada. Procure por aconselhamento com um conselheiro cristão ou um pastor, se precisar. A forma como você vive determinará o que seus filhos e seus netos herdarão. Seu pecado e desobediência terão um efeito negativo na vida deles. Você está escolhendo seu legado espiritual.

7. *Louve a Deus diariamente por seu poder restaurador.* Deus é a nossa única esperança de restauração dos relacionamentos feridos por abusos. Seu louvor a Deus pela transformação da situação é um dos caminhos para que ela aconteça. Conheça melhor a Deus Pai. Ele é o modelo perfeito de pai.

Em tempos de fraqueza, quando a vida parece estar fora de controle, como pode acontecer em se tratando de filhos, você tem que tomar a responsabilidade e escolher colocar a sua vida debaixo do poder de Deus. Entregue suas fraquezas completa e honestamente a ele para que possa torná-las veias de sua força. Ele é um Deus de restauração e salvação, então pode reparar qualquer coisa que tenha ocorrido no passado com seus pais. Ele pode restabelecer a união entre você e seus filhos. Restauração não acontece da noite para o dia, mas salvação sim. Permita que Deus conserte a sua situação agora, para que ela se transforme e siga na direção correta.

O que a Bíblia diz sobre abuso infantil

Pais, não irritem seus filhos; antes criem-nos segundo a instrução e o conselho do Senhor. (Efésios 6:4)

Os filhos são herança do Senhor, uma recompensa que ele dá. (Salmo 127:3)

Ainda que me abandonem pai e mãe, o Senhor me acolherá. (Salmo 27:10)

Ele enviou a sua palavra e os curou, e os livrou da morte. (Salmo 107:20)

O homem bom deixa herança para os filhos de seus filhos. (Provérbios 13:22)

A confusão

A mentira em que acreditamos quando nos sentimos confusos é "Os problemas que tenho em minhas mãos parecem ser muito complexos e esmagadores para controlar, então, deve haver algo de errado comigo".

Algumas vezes, agimos ou tomamos uma decisão baseadas nessa confusão em vez de reconhecermos qual a procedência e olharmos para a fonte. Enquanto a vida em si e por si só pode ser extremamente complicada e confusa, a vida com Jesus no controle é simples, regular e clara.

Enquanto escrevia este livro, fui repentinamente tomada pela confusão. Acordei uma manhã e tudo parecia incoerente. Não vi nenhum propósito ou futuro. Senti-me distante da minha família e sem esperança nela como se não existisse uma ligação. Sentia-me insatisfeita com tudo: onde morava ("É hora de mudar"); meu casamento ("Quem é esta pessoa com quem me casei?"), minhas amizades ("Alguém, realmente, se importa?"); minha escrita ("Como posso ter algo a dizer?"). Nada era motivador. Tudo parecia sem sentido. Não conseguia me agarrar a nada.

Por que estou me sentindo assim de repente? De onde vem isso?, perguntava ao Senhor. *Sei que não vem de ti, Deus. Isso vem do diabo. Mas como o mal entrou desse jeito? O que mudou?*

Estava bem no dia anterior. Então, o que aconteceu durante a noite?, fiquei pensando. Ambas as crianças foram convidadas para sair com amigos depois do jantar para alguma atividade, dando a Michael e eu a oportunidade de termos uma rara noite a sós. Decidimos ir ao cinema e demos uma olhada na sessão de cinemas do jornal. "Estes não são considerados bons.

Aquele é muito violento. Este é idiota. Este está cheio de cenas de sexo", disse, eliminando um filme após o outro.

Aquilo nos deixou com uma única possibilidade, mas nenhum de nós sabia nada sobre ele. Olhei todas as anotações de filmes que coleto como informação, analisando se combinavam com o nosso gosto, mas não encontrei nenhuma informação sobre este especificamente. "Bem, não tem uma classificação regular. Não deve ser tão ruim assim!", concluímos. "Pelo menos, estaremos juntos."

O filme era uma comédia que incluía uma relação adúltera da esposa solitária de um alcoólatra. Embora aquela parte não tenha sido mostrada de forma explícita na tela, a ideia de algo oposto aos caminhos de Deus não ser levado em conta e tornar-se aceitável fez-me sentir constrangida.

Refletindo, acredito que a exposição àqueles valores do filme, mesmo não os aceitando, abriu o caminho para um espírito de confusão. Se tivéssemos deixado o cinema na primeira sugestão de Deus, tenho certeza de que me sentiria diferente no dia seguinte. Da forma como aconteceu, o derramar do puro Espírito de Deus que eu havia experimentado foi manchado com a poluição do mundo, e minha insatisfação com tudo o que Deus havia me dado foi uma clara indicação de que aquilo havia invadido meu coração.

Foi só uma coincidência? Eu estava meramente impressionada? Não acho. Assim como o caixa de banco aprende a reconhecer uma nota falsa ao mexer com notas verdadeiras dia após dia, aprendi a reconhecer espíritos falsos ao passar o tempo na presença do Espírito Santo. O que invadiu minha alma não vinha do Senhor; foi um espírito de confusão que estava naquele filme.

Confusão e perspectiva do mundo

Confusão é falta de regra apropriada, uma mistura indiscriminada de coisas diferentes misturadas na mente. A *confusão é causada ao se misturar escuridão com luz*. É qualquer coisa fora da lei divina ou fora de sintonia com Deus. Há todo tipo de confusão no mundo hoje, porque o que é ruim é considerado bom, e o que é bom é desdenhado. A vida tornou-se confusa, e a única coisa que pode quebrar a confusão é a presença do Senhor e a sua Palavra que é verdadeira.

Confusão é um espírito e todo aquele, mesmo quem anda ao lado de Deus, está suscetível de seu ataque. A Bíblia diz: "Deus não é Deus de desordem, mas de paz" (1 Coríntios 14:33). Se ele estiver no controle total de cada área de sua vida e sua lei for convidada a reinar, claridade, simplicidade e paz serão o resultado. Do contrário, a vida se torna confusa, sem controle, complexa e difícil de lidar.

Como me abro para a confusão?

Você não precisa assistir a um filme ruim para entrar em confusão. Muitas opiniões de fora, quando você deveria ouvir somente a Deus, causarão confusão. Opor-se à Palavra de Deus, qualquer que seja a forma, convidará espíritos de confusão a residirem em sua vida. A Bíblia diz que beber álcool traz confusão, mas também imbuir-se de qualquer coisa que não venha de Deus, como fofoca, linguagem impura, promiscuidade, drogas, televisão, filmes e revistas manchadas com distrações mundanas, trará confusão. Quando tentamos juntar elementos em nossa vida que não se combinam, ficamos confusos. Por exemplo, vamos à igreja, damos o dízimo, jejuamos e oramos, mas nos entretemos com um pouco de fantasia sobre o pastor auxiliar ou aquela pessoa atraente do trabalho.

Todo desejo da carne traz confusão: "Onde há inveja e ambição egoísta, aí há confusão e toda espécie de males" (Tiago 3:16). De fato, muito foco em nós sempre convida um espírito de confusão a entrar.

Como me livro da confusão?

Quando a confusão entra, pode causar decisões pouco inteligentes e apressadas baseadas em uma falta de referência ou pode paralisar seus pensamentos para que você não seja capaz de decidir qualquer coisa. Em qualquer caso, pode ser de ajuda lembrar que *você não tem que viver em confusão.* Entregue isso a Deus. Ore por cada aspecto. Diga: "Recuso-me a viver em confusão. Sei que confusão não vem de Deus. Sei que os caminhos de Deus são simples. Somos nós que tornamos as coisas complexas. Senhor, mostra-me a tua verdade simples sobre o que estou sentindo e pensando. Revela-me onde abri uma porta que permitiu a confusão entrar na minha vida para que eu confesse isso na tua presença, como pecado, e seja limpa. Repreendo o espírito de confusão e digo que ele não tem poder nenhum sobre a minha vida. Pela autoridade que tenho em Jesus Cristo, ordeno que saia. Louvo a ti, Senhor, e te agradeço pela sabedoria, claridade e simplicidade que estão em Cristo."

Adore e louve ao Senhor até voltar a pensar claramente.

Confusão não pode coexistir com a presença de Deus. É por isso que adoração, louvor e agradecimento são as melhores armas para derrotar tudo isso. Sua saúde emocional, seu bem-estar e seu crescimento no Senhor dependem da habilidade em identificar este buraco antes que caia nele.

O que a Bíblia diz sobre confusão

O que ocorre é que algumas pessoas os estão perturbando, querendo perverter o evangelho de Cristo. (Gálatas 1:7)

Aquele que os perturba, seja quem for, sofrerá a condenação. (Gálatas 5:10)

O que receio, e quero evitar, é que, assim como a serpente enganou Eva com astúcia, a mente de vocês seja corrompida e se desvie da sua sincera e pura devoção a Cristo. (2 Coríntios 11:3)

Ai dos que chamam ao mal bem e ao bem, mal, que fazem das trevas luz e da luz, trevas, do amargo, doce e do doce, amargo! (Isaías 5:20)

Seus olhos verão coisas estranhas, e sua mente imaginará coisas distorcidas. (Provérbios 23:33)

A crítica

A mentira em que, secretamente, queremos acreditar quando criticamos outros é "Sou melhor do que eles". Mas do que *realmente* temos medo é "*Eles* são melhores do que *eu*". Por causa de nosso ego, queremos parecer melhores que os outros, criticando-os. Depois dizemos: "Estou certo e eles errados" para justificar a nossa crítica. O engano em que caímos é não lembrar que ninguém, exceto Deus, tem o direito de julgar as outras pessoas.

Eu costumava criticar muito as pessoas, dissecando-as em minha mente para ver se eram muito melhores do que eu, como temia. Mesmo depois, não havia nenhum divertimento nisso porque eu me criticava muito também. Mas li: "Da mesma forma que julgarem, vocês serão julgados; e a medida que usarem também será usada para medir vocês." (Mateus 7:2) Também li em *My Utmost for his Highest* [Meu Máximo para o Altíssimo]: "Cuide para que você não use suas limitações para criticar alguém." Reconheci que as minhas críticas aos outros significavam que os estava julgando por minhas limitações, não só limitando o que Deus poderia fazer em minha vida, mas convidando o julgamento contra mim.

Expulsando um espírito crítico

Aqueles de nós que foram abusados quando crianças crescem normalmente sendo julgadores e críticos. Ser destruídos quando crianças faz com que destruamos outra pessoa para construir uma imagem interessante de nós mesmos. Tornamo-nos impiedosos porque não fomos expostos à compaixão.

Criticar outros sem pensar torna-se um mau hábito que pode explodir a qualquer instante. Criticar constantemente, mesmo que mentalmente, convida um espírito crítico. Quando você tem um espírito crítico, todas os seus pensamentos e palavras são influenciados por ele. Você, finalmente, se torna cínico e, então, completamente incapaz de experimentar o prazer. Pode ler a palavra, orar e obedecer e, ainda assim, não ter paz e alegria na sua vida porque é crítico. Julgar as circunstâncias e condições pode ser tão prejudicial quanto criticar pessoas, pois isso a torna uma pessoa descontente e reclamona — o tipo de gente que normalmente evitamos. É difícil encontrar o amor e o apoio que se necessita quando não há ninguém ao seu redor.

Críticas afastam o amor de nosso coração. E "ainda que eu tenha o dom de profecia e saiba todos os mistérios e todo o conhecimento, e tenha uma fé capaz de mover montanhas, se não tiver amor, nada serei" (1 Coríntios 13:2). Sem amor em nosso coração não podemos crescer emocionalmente e estaremos sempre paralisados em nossa cura e desenvolvimento. Mas podemos expulsar a crítica sendo constantemente alimentados pelo amor do Senhor por meio do louvor e agradecimento a ele.

Se você aprendeu a ser crítico na infância, precisa vigiar a boca e o coração. Aprenda a reconhecer a qualidade inquieta e desgostosa de um espírito crítico e, deliberadamente, substitua palavras e pensamentos críticos por outros que sejam bons naquela pessoa ou situação. Pergunte-se: "Estou construindo ou destruindo?"

Se reconhecer na sua vida uma tendência séria e quase compulsiva de criticar, diga: "Recuso-me a permitir que um espírito de crítica controle meus pensamentos e boca. Reconheço que tu, Senhor, és o único que conhece tudo em cada situação. Não tenho o direito de julgar os outros. Faz-me ser uma pessoa que mostra compaixão, que não critica, descontente e reclamona. Obrigada por me perdoar. Ajuda-me a conceder perdão aos outros."

Um dia fiz essa oração e, agora, Deus me ajuda a ver o que é bom e a potencial grandeza em cada pessoa. Não é que eu não reconheça o pecado de alguém, mas reconheço que não tenho direito de julgar ou criticar as pessoas. Posso orar por elas, confrontá-las, falar da Palavra de Deus a elas, porém não posso criticar ou procurar defeitos.

Se você luta contra uma atitude crítica em relação a você mesma e aos outros, peça a Deus que a ajude a ter compaixão. Ter um espírito crítico pode impedir bênçãos e de se tornar a pessoa plena que deseja ser.

O que a Bíblia diz sobre críticas

Não planejem no íntimo o mal contra o seu próximo e não queiram julgar com falsidade. Porque eu odeio todas essas coisas, declara o Senhor. (Zacarias 8:17)

Falem e ajam como quem vai ser julgado pela lei da liberdade, porque será exercido juízo sem misericórdia sobre quem não foi misericordioso. (Tiago 2:12,13)

Nenhuma palavra torpe saia da boca de vocês, mas apenas a que for útil para edificar os outros, conforme a necessidade, para que conceda graça aos que a ouvem. (Efésios 4:29)

Se algum de vocês estiver sem pecado, seja o primeiro a atirar pedra nela. (João 8:7)

Sobretudo, amem-se sinceramente uns aos outros, porque o amor perdoa muitíssimos pecados. (1 Pedro 4:8)

A negação

A mentira em que acreditamos quando negamos um problema é "Se eu fingir que isto não está acontecendo, irá embora" ou "Se eu disser a mim que isto é alguma outra coisa, será verdade". Essa medida de autoproteção existe quando as coisas parecem estar fora do controle. Bloqueamos em nossa mente a situação ou negamos sua existência para sobrevivermos. O problema da negação é que a verdade vem à tona e, se não cuidarmos de nosso emocional, mais tarde será pior.

Ilusão é *acreditar* em uma *mentira* e não perceber o que fizemos. *Negação* é *conhecer* a *verdade*, mas escolher viver como se não conhecesse. *Negação* é *enganar-se a si mesma.*

Minha mãe mentalmente doente acreditava que era normal e que havia algo de errado com as outras pessoas. Ela estava enganada. Meu pai sabia que ela não era normal, mas não sabia o que fazer. Ele tinha medo de procurar ajuda psiquiátrica por ter medo de entregá-la a um hospital psiquiátrico como aqueles dos filmes de horror a que assistia quando jovem. Esperando que ela, miraculosamente, melhorasse algum dia, preferiu ignorar o problema. Viveu em negação. Sua autonegação foi uma forma de sobrevivência.

Cyndie, a jovem com quem o pai tinha relações sexuais frequentemente e batia no resto da família, acreditava que ele era seu aliado. Ela aprendeu a negar que sexo entre um pai e uma filha é uma abominação porque essa era a única forma de sobreviver àquela experiência. Ela era muito fraca e impotente para lidar com a verdade. Era muito doloroso reconhecer que não podia enfrentar a situação nem mudá-la. Sua cura não aconteceu até que estivesse suficientemente estável para reconhecer a iniquidade da relação. Isso abriu um caminho para que ela perdoasse o pai, pois tinha, determinantemente, negado que isso fosse necessário para obter restauração de Deus.

Uma forma de sobrevivência

Viver uma negação é viver uma mentira. Nós, firmemente, recusamos ser influenciados pelos fatos, não importa a lógica por trás deles. Por exemplo:

Fato um: Papai, frequentemente, chega em casa bêbado.

Fato dois: Nessas horas, ele se torna violento e me bate.

Esses fatos somam-se à verdade de que papai é um alcoólatra, mas nós mascaramos a verdade dizendo: "Está tudo bem. Não é tão mal assim. Posso viver com esta situação."

Pelo contrário, *não* está nada bem, *é* ruim, e *não podemos* viver desse jeito, pagando cruelmente por isso. Temos que nos libertar da ilusão de todas as formas — mesmo da ilusão de conhecer a verdade e acreditar que podemos minimizá-la.

Confrontar alguém que vive uma negação não é nada fácil porque o Espírito da verdade de Deus é necessário para penetrar na escuridão da autoilusão. A fim de eliminar a falsa pele autoprotetora e autoimposta é necessário separar a carne do osso. A dor seria insuportável. Não é simplesmente retirar a pele morta; essa pele falsa está profundamente presa e cresce juntamente com a pele real. A cura precisa ocorrer no interior para que o que está preso no exterior possa sair. Qualquer confrontação precisa ser precedida de muita oração e, totalmente, guiada pelo Espírito Santo.

Encarando a verdade

Muitas pessoas não querem gastar tempo algum para lidar com o passado. Elas, frequentemente, citam as Escrituras em que o apóstolo Paulo diz que deveríamos esquecer "das coisas que ficaram para trás e avançando para as que estão diante" (Filipenses 3:13). Mas o que ele quer dizer é que não deveríamos estar vivendo o passado do qual já fomos *libertados*. Dessa forma, não podemos ser libertados de algo que não trazemos à luz de Deus. Somente quando fizermos isso é que encontraremos a cura e, então, esqueceremos e caminharemos adiante.

Se você vive a negação de algo, manterá o problema ao redor. "Por que esta situação nunca muda?" "Por que não consigo superá-la?"

A resposta será que o Espírito da Verdade não foi convidado a sobrepor-se. Temos que olhar para nossa vida como um conselheiro a veria e nos perguntarmos:

1. Da última vez em que me senti infeliz, as seguintes coisas estavam acontecendo (por exemplo, meu marido viajara a trabalho): ____

____.

2. Antes disso, as seguintes coisas estavam acontecendo (por exemplo, meus amigos mais próximos saíram em um final de semana e não me convidaram): ______________________

____

____.

3. Quando eu era criança, eu ficava triste quando (por exemplo, meu pai estava fora e não podia assistir aos meus jogos de vôlei): ______________________________________

____

____.

4. Há algo de semelhante entre os eventos em todas estas situações? (por exemplo, sinto-me sozinha e abandonada quando meu marido ou meus amigos saem, ou porque meu pai passava muito tempo fora de casa): ______________________

____

____.

5. Fico triste porque: ______________________________

____

____.

Agora pense em seus relacionamentos.

1. A última vez em que discordei do meu marido ou amiga foi porque (por exemplo, eles questionaram meu julgamento sobre algo como se eu não fosse capaz de tomar uma decisão): ______________________________

____

____.

2. Sinto-me triste com meu chefe no trabalho quando (por exemplo, ele quer saber cada detalhe do que estou fazendo como se estivesse me controlando): ______________

____

____

____.

3. Quando criança, ficava nervosa com meus pais quando (enchiam-me de perguntas sobre onde estava e o que estava fazendo): ______________________________

____

____.

4. Parte de minha irritação com meu marido, ou amigo, ou meu chefe pode relacionar-se com algo do passado (por exemplo, os esforços de meu pai para controlar tudo o que eu fazia): ______________________________

____

____.

Agora pense sobre sua relação com Deus.

1. Penso em Deus como (por exemplo, um firme disciplinador que espera que eu seja perfeita): ____________________
____
____
____.

2. Penso em meu pai ou minha mãe como (por exemplo, penso neles como distantes e sempre cobrando muito de mim):
____
____
____.

3. Minha relação com meu pai (ou minha mãe) pode estar afetando minha relação com Deus nos seguintes aspectos:
____
____
____.

Enquanto estiver trabalhando nessa introspecção, peça a Deus que revele qualquer coisa em sua vida que esteja negando a verdade. Então, deixe a verdade da Palavra de Deus sobrepor a essa situação. Os Salmos nos dizem:

> O Senhor é misericordioso e compassivo, paciente e transbordante de amor. O Senhor é bom para todos; a sua compaixão alcança todas as suas criaturas. (Salmo 145: 8,9)

Deus não é um duro disciplinador, mas não entenderemos isso a menos que testemos nossa opinião sobre ele comparando com a verdade na Bíblia.

Testar suas crenças contra a verdade é crucial para a cura porque quanto mais você negar o problema, mais demorará para experimentar a plenitude. Se meu pai tivesse encarado o problema da minha mãe de frente, um bom psiquiatra poderia tê-la ajudado a superar sua doença por meio de aconselhamento e medicação. Todos esses anos de sofrimento e destruição poderiam nunca ter acontecido.

Não dê espaço para a negação

Uma vez que deixamos a negação de lado, Deus é o único que pode nos manter longe dela. Temos que continuar orando: "Senhor, não me deixe enganar e ajuda-me a nunca negar a tua verdade. Se houver algo em minha vida no qual eu esteja me enganando, resplandeça a luz da tua Palavra sobre isso e traga teu Espírito de Verdade para governar. Mostra-me as falsas desculpas que dei, em vez de enfrentar. O que joguei para debaixo do tapete em vez de jogar fora? Por favor, mostra-me tudo porque quero, verdadeiramente, saber."

Lembre-se, pecar é desviar-se do alvo. "Se afirmarmos que estamos sem pecado, enganamos a nós mesmos, e a verdade não está em nós." (1 João 1:8) Se pensarmos que não erramos o tempo todo, de quem estamos zombando? Conheço alguém que, quando confrontada por muitos amigos sobre uma possível negação em sua vida, foi até outros amigos que não sabiam da situação e estes permitiram que ela continuasse acreditando no que queria, em vez de ir a Deus e dizer: "Mostre-me a verdade, Senhor. Se o que estas pessoas estão dizendo está correto, ajuda-me a ver. Se não estiver correto, ajude-os a enxergar melhor. Entrego isso em tuas mãos." Enquanto dependemos de mentiras para nos afastarmos da dor, não precisamos depender de Deus e isso nos impedirá de experimentar tudo o que ele tem para nós.

Somos *todas* vítimas da autoilusão uma hora ou outra. Fazemos isso com habilidade. É por isso que não podemos criticar os outros que vivem em negação. Podemos reconhecer isso e orar para que seus olhos sejam abertos, mas somos também presas fáceis se não pedirmos que a luz de Deus brilhe em nossa vida. Ore, frequentemente, para que o poder de Deus impeça qualquer forma de negação em sua vida.

O que a Bíblia diz sobre negação

> Sei que desejas a verdade no íntimo; e no coração me ensinas a sabedoria. (Salmo 51:6)

> Não tenho maior alegria do que esta, a de ouvir que meus filhos andam na verdade. (3 João 4)

> E conhecerão a verdade, e a verdade os libertará. (João 8:32)

> Portanto, a ira de Deus é revelada dos céus contra toda impiedade e injustiça dos homens que suprimem a verdade pela injustiça. (Romanos 1:18)

> Mas quando o Espírito da verdade vier, ele os guiará a toda a verdade. (João 16:13)

A depressão

A mentira em que acreditamos quando nos sentimos depressivas é "Não posso viver com minha situação deste jeito e sou impotente para mudá-la". Quando o desânimo daquela crença se aloja em nós como uma densa névoa, não conseguimos ver uma saída da escuridão. A ilusão está em pensar que não há esperança para nossa situação. Esse pensamento pode ser tão súbito que não o perceberemos até cairmos em depressão: "A esperança que se retarda deixa o coração doente" (Provérbios 13:12). Perder a esperança é o que causa a depressão.

Veja se os trechos a seguir expressam seus sentimentos mais recentes:

> Estou exausto de tanto gemer. De tanto chorar inundo de noite a minha cama; de lágrimas encharco o meu leito. Os meus olhos se consomem de tristeza; fraquejam por causa de todos os meus adversários. (Salmo 6:6,7)

> Mas fomos atribulados de toda forma: conflitos externos, temores internos. (2 Coríntios 7:5)

> A minha alma está profundamente triste, numa tristeza mortal. (Mateus 26:38)

> Até quando terei inquietações e tristeza no coração dia após dia? (Salmo 13:2)

> O inimigo persegue-me e esmaga-me ao chão; ele me faz morar nas trevas, como os que há muito morreram. (Salmo 143:3)

> O meu espírito desanima; o meu coração está em pânico. (Salmo 143:4)

Se concordar com qualquer dessas passagens, você, definitivamente, sofreu de depressão. Noites sem dormir, deitada acordada com o coração angustiado. Sentindo-se fraca e oprimida, como se estivesse afundando em um buraco fundo e escuro. Quando você se olha no espelho na manhã seguinte, não há luz em seu rosto e seus olhos estão desanimados. Sente como se as pessoas não quisessem ficar perto de você. Sente-se incapaz de se relacionar emocionalmente com qualquer pessoa. Se já se sentiu depressiva, conhece esses sentimentos. Muitas pessoas que amam Deus também. Muitas dessas passagens da Bíblia foram escritas por dois grandes homens que eram amados por Deus: Davi, aquele que matou o gigante e foi rei, e o apóstolo Paulo. Ambos encontraram em Deus a única resposta para suas depressões. Obviamente, a depressão não é desconhecida pelo Senhor.

Uma das maiores ilusões sobre a depressão é pensar que você é a única que já a sentiu. Milhões de pessoas estão depressivas agora e se sentem exatamente da mesma forma que esse homens, milhares de anos atrás. Esse fato pode não reduzir sua depressão, mas, pelo menos, é bom saber que não está sozinha.

Alguns sintomas comuns da depressão são dificuldade para dormir, excesso de sono, fadiga constante, perda de peso, excessivo ganho de peso por comer compulsivamente, baixo poder de concentração e memória, alto grau de autocrítica, dificuldade extrema em tomar decisões simples, pensamentos suicidas, inclinação ao isolamento, percepção negativa, sentimentos de falha, não ser capaz de terminar coisa alguma, inabilidade em lidar com a pressão mais leve, ficar agarrada à tristeza e desânimo ou inabilidade em lidar com as mais simples tarefas.

Alguns de nós, que vivemos com esses tipos de sentimentos, começamos a aceitá-los como parte da vida. A depressão não é o desejo de Deus para nossa vida. Lutei contra a depressão até meus trinta anos. Total desesperança, porque nada mudava em minha vida, levou-me à beira do suicídio. Após me entregar para o Senhor, minha primeira grande libertação foi a da depressão devido a uma grande quantidade de pecados não confessados, que me afastavam da presença e poder de Deus. Agora, quando sou ameaçada pela depressão, reconheço que algo em minha vida ou em minha mente está fora do controle e faço uma análise imediata diante do Senhor.

Tomando uma atitude contra isso

A menos que você dê passos definitivos para interromper a depressão, ela irá crescer. A cada instante você se sente pior em relação a si mesma, aos outros e a Deus, o que aumenta a distância e a deixa depressiva.

Se você luta contra episódios ocasionais de depressão ou está deprimida agora, sugiro que vá diante do Senhor e pergunte as mesmas coisas que eu pergunto:

1. *Há algum problema físico que pode estar causando isso?* A depressão pode ser causada por muitas situações físicas, como mudanças hormonais, período menstrual, síndrome pré-menstrual, insônia, uso de drogas, álcool, certas medicações, esforço exagerado, doença, falta de exercício, fadiga, alergias e maus hábitos alimentares. Peça a Deus para revelar se alguma coisa física está causando sua depressão ou contribuindo com ela.

2. *Há alguém ou alguma circunstância que esteja causando essa depressão?* Pode haver uma razão real para sua depressão. Por exemplo, ter alguém que seja extremamente negativo morando em sua casa pode afetá-la. Se puder pensar em algo assim, pergunte a Deus o que pode fazer para mudar essa situação. Você pode conversar com a pessoa ou fazer algo para mudar as coisas? Há alguma possibilidade que você não está vendo ou

nunca imaginou? Algumas vezes a depressão sinaliza que uma grande mudança é necessária. Peça a Deus para lhe revelar as aflições que não deveria estar carregando e as mudanças que devem ser realizadas.

3. *Há algum pecado que eu não tenha confessado?* Algumas vezes, a causa da depressão é externa (ser exposta a algo que não é de Deus). Algumas vezes, é um ataque do inimigo (especialmente quando Deus está trabalhando poderosamente em sua vida). Mas na maioria das vezes é causada por um pensamento ou atitude errada (uma resposta inadequada para uma pessoa ou situação). Quaisquer sentimentos negativos ou atitudes ruins precisam ser confessados — *especialmente falta de perdão*. Você é a única pessoa que sofrerá depressão por causa deles, então peça a Deus para revelar do que precisa se arrepender.

4. *Orei a respeito da minha depressão?* Uma das grandes armadilhas ou ilusões da depressão é pensar que se tem o direito de se agarrar a ela. Você não tem. Diga a Deus exatamente como se sente e peça-lhe para tirar sua depressão. Muito frequentemente, não oramos porque aceitamos a depressão como parte da vida em vez de reconhecê-la como uma doença emocional, assim como um resfriado ou gripe, que precisa de atenção para que não se torne uma infecção grave.

Essa é uma boa hora para se lembrar de que *Deus está do seu lado e que o diabo é o seu inimigo.* É importante não culpar Deus por seus problemas enquanto estiver ouvindo o diabo como se ele fosse um bom amigo fornecendo informações importantes sobre sua vida. Deus está com *você.* Seu plano é para que você tenha sucesso, seja livre, curada, completa, feliz, realizada e amada.

O pastor Jack nos ensinou: "Você tem que esperar pelos passos de Jesus na escuridão. Não há noite tão longa ou tão escura. Se você ficar aos pés do Senhor, ele tomará conta disso pela manhã. O Salmo 30:5 diz: 'O choro pode persistir uma noite, mas de manhã irrompe a alegria'."

Se acordar na noite com seu coração angustiado de medo ou depressão, levante-se imediatamente, ore e leia a Palavra. Volte a dormir quando puder e continue orando no dia seguinte. Uma das armadilhas da depressão é que, quando as pessoas não têm uma resposta imediata para suas orações, elas dão as costas a Deus e tentam fazer as coisas do seu jeito.

5. *Que mentiras estou ouvindo?* Se você está depressiva, provavelmente aceitou uma mentira como verdadeira — normalmente uma mentira sobre você: "Você é um fracasso. Você não é boa. Você não vai conseguir. Você é feia." Mas tudo isso está na direção oposta da Escritura, que diz que todos temos dons e talentos especiais. O fato de o mundo não reconhecer seus dons neste momento não significa que eles existam ou que não têm valor. Disperse as mentiras com a verdade da Palavra de Deus.

6. *Que promessas de Deus posso citar para resumir a visão que ele tem sobre mim ou minha situação?* A Palavra de Deus diz que "O coração ansioso deprime o homem, mas uma palavra bondosa o anima" (Provérbios 12:25). Essa boa palavra pode vir de um pastor, um amigo, um marido ou esposa, um membro da família, uma boa pessoa na rua, mas não podemos depender de seres humanos. A boa palavra que verdadeiramente fará com que seu coração se alegre vem do Senhor por meio de *sua* Palavra. Há uma abundância delas, mas listei somente algumas neste capítulo. Quando você encontrar uma promessa ou palavra dele que fale sobre sua situação, sublinhe-a ou escreva-a em um papel e cole-a no espelho de seu banheiro. Recite-a em voz alta sempre que sentir depressão. Mesmo que sentir que nada está acontecendo, continue pronunciando a Palavra de

Deus em voz alta; finalmente, seu espírito e alma responderão à esperança e verdade.

7. *Quanto eu louvei, adorei, e agradeci a Deus no meio da minha depressão?* Ficar depressiva é um sinal de que sua personalidade virou-se para o interior de si mesma e concentrou-se nela mesma. Um dos passos mais saudáveis a se tomar é concentrar-se exteriormente em Deus por meio do louvor. Pare tudo que está fazendo e diga: "Senhor, louvo a ti. Eu te adoro. Eu te agradeço. Eu te glorifico. Eu te amo. Eu exalto o teu nome. Recuso a depressão em minha vida e te louvo, Senhor, porque tua alegria é a minha força." Agradecê-lo por tudo que você pensar é a melhor maneira de interromper a correnteza do autoabuso que passa por sua cabeça.

Também descobri que bater palmas e cantar louvores ao Senhor é imbatível para trazer alívio a um espírito pesado. Sem dúvida, essa é a última coisa que você pensa em fazer quando está depressiva, mas precisa se decidir que *não quer* a depressão e que *quer* tudo o que Deus tem para você. Não desista até conseguir.

Palavras de ânimo do Senhor para citar em face da depressão

> Os justos clamam, o Senhor os ouve e os livra de todas as suas tribulações. O Senhor está perto dos que têm o coração quebrantado e salva os de espírito abatido. (Salmo 34:17)

> Quando você atravessar as águas, eu estarei com você; quando você atravessar os rios, eles não o encobrirão. Quando você andar através do fogo, não se queimará; as chamas não o deixarão em brasas. (Isaías 43:2)

> Mas aqueles que esperam no Senhor renovam as suas forças. Voam alto com águias; correm e não ficam exaustos, andam e não se cansam. (Isaías 40:31)

> Os resgatados do Senhor voltarão. Entrarão em Sião com cântico; alegria eterna coroará sua cabeça. Júbilo e alegria se apossarão deles, tristeza e suspiro deles fugirão. (Isaías 51:11)

> Das alturas estendeu a mão e me segurou; tirou-me de águas profundas. Livrou-me do meu inimigo poderoso, dos meus adversários, que eram fortes demais para mim. Eles me atacaram no dia da minha calamidade, mas o Senhor foi o meu amparo. Deu-me ampla liberdade; livrou-me, pois me quer bem. (2 Samuel 22:17-20)

Quando nada ajuda

Se você já se fez todas essas perguntas e fez tudo o que foi sugerido, mas ainda estiver depressiva, então precisa de libertação e aconselhamento. Procure um conselheiro cristão.

Se até mesmo a mais simples tarefa parece ser difícil e você só conseguiu uma hora de aconselhamento na terça-feira da semana seguinte, levante-se a cada dia e faça assim: lave as louças, arrume a cama, tire algumas ervas daninhas do quintal, coloque algumas roupas na máquina de lavar, lave seu carro ou limpe uma gaveta. Não se preocupe com nada mais neste momento. Então, pegue sua Bíblia, sente-se com o Senhor e conforte-se porque sua vida está com uma certa ordem e você pôde realizar alguma coisa.

Não permita que cristãos não tão bem intencionados e corretos convençam-na de que se tivesse realmente renascido não estaria depressiva. E não pense que ir para um aconselhamento é uma admissão de instabilidade mental ou algo para se envergonhar. Tal pensamento extinguiu-se nos anos 1950. Hoje, as pessoas reconhecem essa atitude como forma de melhorar sua vida e elas estão escolhendo procurar um conselho que venha de Deus, de pessoas que são de Deus.

O que a Bíblia diz sobre depressão

Na sua aflição, clamaram ao Senhor, e ele os salvou da tribulação em que se encontravam. Ele os tirou das trevas e da sombra mortal, e quebrou as correntes que os prendiam. (Salmo 107:13,14)

Os meus pés escorregaram, o teu amor leal, Senhor, me amparou! Quando a ansiedade já me dominava no íntimo, o teu consolo trouxe alívio à minha alma. (Salmo 94:18,19)

Na minha angústia, clamei ao Senhor, gritei por socorro ao meu Deus. Do seu templo ele ouviu a minha voz. (Salmo 18:6)

Relações destrutivas

A mentira em que acreditamos quando estamos envolvidos em relações destrutivas é "Mereço ser tratado da forma como esta pessoa está me tratando". Se você permitir ser tratada de uma forma que a esteja destruindo, está aceitando uma mentira.

As pessoas que foram prejudicadas emocionalmente no começo de sua vida têm dificuldade para entender os relacionamentos, então, quando caem em uma relação destrutiva, são incapazes de perceber. Quanto mais necessitadas emocionalmente elas forem, mais difícil será reconhecer. Quanto mais destruídas forem, mais difícil será sair da situação.

Algumas pessoas podem ser perversas, más, nervosas e negativas, mas não a machucarão profundamente. Em um *relacionamento destrutivo*, aquele que abusa destrói o centro do seu ser. Ele (ela), gradualmente, desgasta a pessoa que você é até destruir a imagem saudável de quem Deus quer que você seja. Na presença do abusador, você se sente constantemente depressiva.

Devemos ter um porto seguro para crescermos. Se não tivermos isso, não podemos nos desenvolver apropriadamente. Enquanto eu vivia em casa com a minha mãe, minha personalidade era constantemente corroída. Mesmo depois que me mudei, que comecei a caminhar com o Senhor e desfrutei da libertação, eu voltava ao consultório de aconselhamento toda vez que a visitava. Quando Mary Anne me aconselhou a evitar minha mãe até ser curada, reconheci que, como a relação estava me destruindo, precisava evitá-la. Afastar-me por algum tempo foi crucial para a minha cura.

Recuse a codependência

Uma das armadilhas de viver com um alcoólatra, um dependente químico ou uma pessoa mentalmente doente é permitir que sua vida e a vida da sua família girem em torno dessa pessoa. Permitir que uma pessoa que não pode lidar com a própria vida controle a vida dos outros coloca toda a família em constante ansiedade e estresse. Falhar em identificar o problema e enfrentá-lo abertamente torna-o maior.

O fato de a doença mental de minha mãe nunca ter sido tratada abertamente enquanto eu crescia foi um desastre para mim. Fiquei chocada quando, mais tarde, descobri que seu comportamento estranho e assustador era normal para a doença. Se tivéssemos enfrentado o problema como família, em vez de fingir que nada estava errado, todos seríamos mais saudáveis. Em vez disso, passei anos odiando a minha mãe por algo do qual ela não tinha culpa. Levei suas atitudes pelo lado pessoal e senti-me culpada e responsável por elas.

Quando se é criança, não é possível controlar como as pessoas lhe tratam. Quando adulto, há escolha. Embora não se possa exigir que as pessoas ajam de certa forma, *pode-se* recusar a permitir que as pessoas sejam destrutivas e negativas no tratamento mútuo.

Se uma pessoa em sua vida, que não seja o marido, faz com que você se sinta depressiva e sem valor cada vez que está com ela, e você já tentou repetidas vezes fazer tudo o que conhecia para salvar a relação, então precisa perguntar a Deus se não é hora de entregar essa pessoa nas mãos de Deus. Uma vez feito isso, não veja a pessoa até que o Senhor dê paz para revê-la.

Se seu relacionamento conjugal é destrutivo, você precisa fazer tudo o que puder para mudá-lo. Procure Deus. Procure aconselhamento. Faça o que ambos disserem e não desista até resolver. Sob nenhuma circunstância deve permitir que alguém abuse de você fisicamente, incluindo seu marido. Se houver perigo de dano corporal a você ou aos seus filhos, afaste-se dessa pessoa imediatamente e procure ajuda. Se não fizer isso, será cúmplice do pecado. Já é ruim o suficiente deixar-se destruir, é pior ainda sujeitar seus filhos ao abuso. Faça algo agora. Não deixe o medo mantê-la em uma relação destrutiva. A Bíblia diz:

> Quem teme o homem cai em armadilhas, mas quem confia no Senhor está seguro. (Provérbios 29:25)

Se você temer dano físico, insegurança financeira, solidão ou rejeição se deixar a relação, saiba que o Senhor proverá proteção e provisão se assim orar. Se estiver muito abatida para tomar a decisão, peça ajuda a alguém. Quando orar, Deus preparará alguém para ajudá-la.

Posso herdar problemas familiares?

Costumava ter medo de que eu ou meus filhos herdaríamos a doença mental de minha mãe. Mas a Bíblia ensina que não somos capturados pela nossa herança: "deste-me a herança que concedes aos que temem o teu nome" (Salmo 61:5). Louve a Deus por estarmos conectados a ele e por herdarmos as suas qualidades. Eu *renasci* e agora estou crescendo para me assemelhar ao meu Pai celestial. Quando o diabo tenta me atormentar sobre isso, agora digo: "Deixe-me em paz ou irei denunciá-lo ao meu Pai."

Se tiver esse medo, saiba que doença mental, alcoolismo, dependência química e qualquer coisa que sua família enfrente são problemas espirituais antes de serem manifestados fisicamente. Eles são resolvidos no reino do espírito. Prenda qualquer espírito que a ameace dizendo, por exemplo: "Espírito de insanidade (alcoolismo, droga, dependência), dirijo-me a você como um espírito maligno. Eu (e meus filhos) não temos parte com você e você não tem nenhuma afirmação sobre mim (nós). Eu (nós) nasci(emos) na casa de meu Pai e agora tenho(mos) uma herança celestial e não do mundo. Meu Deus Pai deu-me a autoridade sobre você, então, em nome de Jesus Cristo, eu te amarro e o expulso da minha (nossa) vida. Recuso-o agora e para sempre."

Não hesite em ter um ou mais cristãos fortes orando com você, especialmente se o diabo tentar ameaçá-la novamente.

Amizade: criando obstáculos ou destruindo estacas

Anos atrás, tive uma amiga que gradualmente tornou-se crítica e nervosa em relação a mim por motivos incertos que nunca entendi. Não sabia o que fazer para agradá-la e, na sua presença, sempre me sentia inadequada, não aceita e deprimida. Durante anos, pensava, de forma subconsciente: *Provavelmente não sou uma boa amiga, então, tenho certeza de que o que ela sente é justificado.*

Só percebi que estava em uma relação destrutiva quando outros amigos apontaram que uma amizade serve para crescer e não para destruir. Tentar "fazer as coisas darem certo" não adianta nada. Depois de muita oração e conselhos de meu marido, decidi terminar o relacionamento e entregar, totalmente, minha amiga nas mãos do Senhor. As pessoas podem ser levadas a relacionamentos destrutivos por muitos motivos, mas permanecem porque sentem que merecem esse tipo de tratamento.

Você está vivendo um relacionamento destrutivo? Se estiver tentando se recuperar de danos emocionais, precisa proteger-se de mergulhar no cativeiro de uma outra pessoa. Cultive relacionamentos positivos e que a elevem.

Isso não quer dizer que você deve correr toda vez que alguém a desafia ou confronta. Mas se se afastar do relacionamento, verá as coisas com lucidez e será capaz de dizer se a pessoa está confrontando em amor ou atacando com um espírito de crítica e controle. Lembre-se, entregar-se a outra pessoa não significa permitir que ela passe por cima de você. Pergunte a Deus se algum relacionamento destrói a alegria de viver em você e ore para que ele revele o que deve fazer. Se não puder deixar essa pessoa, peça a Deus para lhe ajudar a confrontá-la. Peça a Deus que mude você e a outra pessoa também, então dê os passos necessários para que a restauração aconteça.

O Senhor pode pedir que se sacrifique pela relação. Permita que uma parte de você morra para que algo maior possa surgir. *Saberá* quando Deus está pedindo para fazer isso. *Escolherá*, não será imposto. Sentirá paz, não angústia. Até que algo assim aconteça, examine qualquer relacionamento que lhe traga aspectos ruins. Não se permita ser destruída — física, mental ou emocionalmente.

O que a Bíblia diz sobre rejeitar a armadilha dos relacionamentos destrutivos

> Não se associe com quem vive de mau humor, nem ande em companhia de quem facilmente se ira; do contrário você acabará imitando essa conduta e cairá em armadilha mortal. (Provérbios 22:24,25)

> Se o sábio for ao tribunal contra o insensato, não haverá paz, pois o insensato se enfurecerá e zombará. (Provérbios 29:9)

O que o carvão é para as brasas e a lenha para a fogueira, o amigo de brigas é para atiçar discórdias. (Provérbios 26:21)

Nenhuma palavra torpe saia da boca de vocês, mas apenas a que for útil para edificar os outros, conforme a necessidade, para que conceda graça aos que a ouvem. (Efésios 4:29)

O Senhor está comigo; não temerei. O que me podem fazer os homens? (Salmo 118:6)

O divórcio

A mentira em que acreditamos quando somos tentadas a sair de nosso casamento é "Não há nenhuma solução aceitável para os problemas neste relacionamento, então o divórcio é a única saída." Repassamos essa fita várias vezes em nossa mente até que aceitamos e agimos assim. Enquanto sentirmos dessa forma, há pouca esperança em construir um casamento sólido.

A ilusão do divórcio é culpar a outra pessoa, ou a si mesma, pelo que está acontecendo em vez de culpar o diabo. Parte dos planos do diabo é se infiltrar em nossa vida com um espírito de divórcio, separação e desunião para que nunca trabalhemos nosso profundo crescimento pessoal e nossa realização. Apesar de ser verdade que os problemas começam com palavras e ações ofensivas, o que abre uma porta para o diabo, nós, também, frequentemente, falhamos em reconhecer as mãos do diabo nisso. Podemos ser manipuladas e nos voltarmos um contra o outro.

Pessoas que estão sofrendo com um casamento infeliz não serão ajudadas por alguém que, insensivelmente, atira versos da Bíblia em sua cara. Não farei isso. Mas *direi* que um bom casamento é merecedor de trabalho para edificar. De fato, os limites de um bom e saudável casamento determinarão uma atmosfera que promove cura emocional. O oposto também é verdadeiro. Leva-se muito tempo para encontrar restauração em um casamento que lhe mantém nervosa, depressiva, ansiosa, com medo ou insegura. Um casamento ruim traz cura emocional a passos lentos.

O completo florescer de um casamento saudável e feliz não acontece sem plantio apropriado, cultivo cuidadoso, irrigação, atenção, alimentação e intervenção de Deus. Mesmo casamentos realizados no céu morrem aqui na terra sem atenção apropriada.

Meu primeiro casamento foi curto e infeliz e não minimizo minha contribuição por ele ter sido assim. Não conhecíamos ao Senhor, então vivíamos longe de seus caminhos. Além disso, eu tinha uma deficiência emocional. Fui capaz de ficar com ele o quanto pude suportar. Aquele casamento durou menos de dois anos.

Em comparação, quando casei pela segunda vez, Michael e eu tínhamos muitas coisas a nosso favor:

- Ambos amavam ao Senhor e queríamos viver de acordo com seus ensinamentos.
- Sentimos que Deus nos havia colocado juntos.
- Estávamos dispostos a ficar casados.
- Estávamos de acordo em certas áreas importantes de nossa vida (carreira, lar, finanças, filhos).

Para manter um casamento, você precisa entregá-lo a Deus e estar determinada a seguir o seu caminho:

> Se não for o Senhor o construtor da casa, será inútil trabalhar na construção. (Salmo 127:1)

A menos que Deus esteja no centro de seu casamento, o foco estará direcionado somente um no outro para realizar todas as necessidades. Isso coloca muita pressão em cada um. Também, quando Deus está edificando, o divórcio não é uma opção. Você terá que arregaçar as mangas e dar-se à tarefa de expor todos os detalhes do relacionamento à luz do Senhor.

Quando Michael e eu nos casamos, ambos tinham profundas inseguranças, danos emocionais e ligações com o passado — necessidades emocionais muito complexas para nós dois lidarmos sozinhos. Com a ajuda do Senhor, de um bom pastor, de conselheiros cristãos, de parceiros de oração e de amigos crentes fomos capazes de superar tudo.

Ser o marido ou esposa de alguém com profundas feridas emocionais exige um dom de paciência e compreensão assim como de amor. Se você não está emocionalmente estável, o problema é maior. No nosso caso, cerrávamos os dentes e aguentávamos quando o outro estava mal. Quando os dois lidavam com coisas ao mesmo tempo, a tensão no relacionamento tornava-se grande. Mas o divórcio nunca foi uma opção. *Tínhamos* que trabalhar nossas mazelas, não importava quanto isso fosse doloroso. Sem dúvida, não desfrutaríamos o grau de plenitude que desfrutamos hoje se tivéssemos desistido de nosso casamento ao primeiro sinal de desconforto.

Por vezes, em dezessete anos de casamento, o espírito de divórcio martelou-me e pensei: *O divórcio é a única saída.* Toda vez, colocava meus sentimentos diante do Senhor, o qual me revelava que o diabo estava tentando nos colocar um contra o outro. Em vez de perceber que *nós* estávamos do *mesmo* lado e que ele era nosso *inimigo*, estávamos caindo nas mentiras do *inimigo*.

Gerando terra fértil ou campo de batalha

Você pode esperar características indesejáveis de personalidade quando está casada — ira, impaciência, egoísmo, crueldade, ciúme, raiva ou medo. É importante perceber que ambos necessitam encarar essas características e crescer por meio delas. Quando aparecerem, vigie cuidadosamente suas atitudes com o parceiro. Preste atenção em pensamentos como:

- Não investirei mais nada neste relacionamento.
- Não sinto mais nada por ele.
- Não vejo nada de bom nele.
- Não me importo mais com o que ele faz.
- Não o amo mais.
- Para mim chega.

Esses pensamentos perigosos, embora por vezes justificados, não podem ser tolerados. Eles abrirão caminho para espíritos de divisão, ilusão e imoralidade.

Combata esses sentimentos desejando que o Senhor a mude. Você pode estar pensando: "E ele? Ele não precisa mudar?"

A resposta é sim, mas você não tem controle sobre isso e precisa começar por algum lugar. Provavelmente, isso não acontecerá a menos que você dê o primeiro passo. Uma das melhores contribuições que pode dar, fora orar por seu companheiro, é fazer tudo o que puder para se livrar de seu cativeiro.

Após alguns meses de casamento, percebi que um de nós precisava mudar para que houvesse harmonia de verdade. Demorou dois anos para perceber que não seria Michael que mudaria ou, pelo menos, não mudaria tão rápido quanto eu esperava. Demorou cinco anos para eu admitir que minhas críticas não o estavam motivando a crescer. Sete anos depois, vi que havia grande chance de ele nunca ser moldado do jeito que eu queria. Levou dez anos inteiros para decidir que, para o casamento ser uma terra fértil, em vez de um campo de batalha de forças, *eu teria que mudar.* (Meu marido conta a história um pouco diferente.) Quando fui capaz de dizer: *Deus, muda-me*, meus olhos foram realmente abertos para os truques do diabo.

Passos a se tomar para evitar o divórcio

Primeiramente, decida se você quer ou não que a vontade de Deus seja feita na sua vida. Se quiser, então tem que se comprometer com o que for necessário trabalhar. Comunique ao Senhor tudo o que sente sobre o relacionamento e peça a ele para tornar as coisas corretas. Se você não puder fazer isso, então precisa confessar que nem mesmo quer que as coisas deem certo. Diga: "Senhor, eu realmente não me importo mais com este casamento. Muda meu coração e dê-me o desejo de ver o que é certo."

Você não tem que sentir no início; só tem que deixar Deus lhe encontrar onde estiver e trabalhar. Quando eu finalmente comecei a duelar em oração, em vez de duelar com meu marido, as coisas começaram a progredir (veja em Como orar por seu marido).

O próximo passo é comunicar seus sentimentos ao companheiro. Peça ao seu marido para separar um tempo e ficar sozinho com você para conversar. Peça a ele que fique preparado para manifestar ressentimentos e outros problemas. Diga a ele que está disposta a mudar e peça-lhe que deseje o mesmo.

Se a situação entre você e seu marido é muito inconstante para ser tratada entre os dois, você precisa de uma terceira pessoa imparcial que seja madura no Senhor e experiente em aconselhamento conjugal. Normalmente, ambos têm reclamações justificáveis que precisam ser ouvidas sem acusações, préjulgamentos ou explosões de raiva.

Se você está sendo abusada, saia e peça ajuda. Nunca lhe pediram para sofrer dano físico ou emocional com o objetivo de manter o casamento. Na verdade, ficando assim, você está permitindo que seu marido continue em pecado e ele nunca encontrará cura e realização.

Provavelmente, todos os casais experimentaram um tempo em que sentiram que o amor pelo companheiro acabara. Paradoxalmente, nessa hora você tem a oportunidade de cultivar um amor e um compromisso mais profundos. Ore: "Senhor, trabalhe em meu casamento e comece por mim, de forma que seja visível ao meu marido. Ajuda-me a ser mais interessada pelo meu marido do que sou por mim mesma. Ajuda-me a viver em progressivo perdão. Ressuscite sentimentos de amor, romance e proximidade entre nós. Ajude-nos a nos comunicar e atender às necessidades físicas e emocionais um do outro. Eu dependo de ti, Senhor."

Se você vir grande libertação, cura e plenitude acontecer em sua vida, pode, de vez em quando, pensar: "Se eu tivesse sido liberta antes de encontrar esta pessoa, provavelmente, não me casaria com ela." Isso parece ser uma observação legítima porque essa pessoa preenchia todas as suas necessidades naquele tempo e, agora, talvez, suas necessidades tenham mudado. Se esse pensamento ocorrer, entregue-o, imediatamente, ao Senhor e peça a ele para confortar seu coração. Ele fará isso. Ele pode revelar, também, que agora é tempo de você apoiar seu companheiro enquanto ele encontra libertação e cura.

Se você for capaz de cultivar um bom casamento, sua restauração terá uma sólida base para poder se desenvolver. Se, no entanto, o divórcio não puder ser evitado ou já aconteceu, olhe para a face de Jesus, receba seu amor e perdão, e encontre libertação da dor do passado. Não deixe que o diabo a prenda para sempre nessa culpa. Só determine que não haverá mais divórcios no futuro.

Como orar por seu marido

1. Ore, continuamente, por sua salvação, se ela ainda não aconteceu. Se aconteceu, ore por contínuo crescimento espiritual.
2. Ore para que ele tenha um coração sedento por mais do Senhor e um desejo de caminhar próximo a ele.
3. Ore por libertação de qualquer prisão contra a qual ele está lutando (drogas, álcool, ira, egoísmo, irresponsabilidade, luxúria).
4. Ore para que ele seja realizado com o amor de Deus.
5. Ore para que ele responda ao seu amor sendo capaz de recebê-lo.
6. Ore para que seu trabalho seja abençoado e que seu nome seja preservado de qualquer suspeita e maledicência.
7. Ore para que ele seja tudo o que Deus o criou para ser.

O que a Bíblia diz sobre o divórcio

Mas no princípio da criação Deus os fez homem e mulher. Por essa razão, o homem deixará pai e mãe e se unirá à sua mulher, e os dois se tornarão uma só carne. Assim, eles já não são dois, mas sim uma só carne. Portanto, o que Deus uniu, ninguém o separe. (Marcos 10:6-9)

O amor é paciente, o amor é bondoso. Não inveja, não se vangloria, não se orgulha. Não maltrata, não procura seus interesses, não se ira facilmente, não guarda rancor. O amor não se alegra com a injustiça, mas se alegra com a verdade. Tudo sofre, tudo crê, tudo espera, tudo suporta. O amor nunca perece. (1 Coríntios 13:4-8)

A resposta calma desvia a fúria, mas a palavra ríspida desperta a ira. (Provérbios 15:1)

Livrem-se de toda amargura, indignidade e ira, gritaria e calúnia, bem como de toda maldade. Sejam bondosos e compassivos uns para com os outros, perdoando-se mutuamente, assim como Deus os perdoou em Cristo. (Efésios 4:31,32)

A inveja

A mentira em que acreditamos quando temos inveja de alguém é "Eu preciso e mereço ter o que eles têm". A verdade é que tudo o que temos vem de Deus. Ter aflição, descontentamento ou desejo doentio pelas posses ou vantagens de outras pessoas é rejeitar o que Deus nos *deu* e o que ele é *capaz* de nos dar. A ilusão da inveja é pensar que Deus não dá o suficiente. O que o outro tem, então, torna-se uma ameaça para nosso bem-estar.

O *Novo Dicionário da Bíblia* descreve cobiça como "desejo egoísta" e "em essência o culto ao ego". É a última idolatria e *idolatria é a raiz da inveja*. A Bíblia diz que nós temos que matar os "desejos maus e a ganância, que é idolatria" (Colossenses 3:5) porque isso minará os propósitos de Deus em nossa vida.

> O coração em paz dá vida ao corpo, mas a inveja apodrece os ossos. (Provérbios 14:30)

A cobiça destrói o centro do ser e faz desmoronar nossa força interior. Se falta de perdão é o câncer da alma, a inveja é a osteoporose!

A inveja não fazia parte do início de minha vida porque acreditava que não merecia coisa alguma. Eu queria mais e me sentia triste quando não conseguia, mas não invejava os outros por terem. No entanto, invejava as habilidades de falar e cantar das outras pessoas. Minha própria luta com problemas vocais desde a infância nunca melhorou tanto quanto eu queria e isso me fazia sentir traída.

Um dia, quando li a Bíblia, o Senhor falou ao meu coração por meio de um verso que diz "onde há inveja e ambição egoísta, aí há confusão e toda espécie de males" (Tiago 3:16). Foi como se Deus apontasse para meu coração e dissesse: "Você tem confusão em sua vida agora por causa da inveja e sentimento egoísta em seu coração."

Como fiquei envergonhada. *Eu? Ter inveja?* Mas sabia que, constantemente, comparar-me aos outros era a semente da qual a inveja cresceu. Não podia viver em paz se me agarrasse a isso.

Para me libertar, tive que fazer quatro coisas:

- Tive que contar tudo o que Deus havia me dado e agradecer por isso.
- Tive que concordar com minhas limitações e evitar, duramente, comparar-me aos outros.
- Tive que me tornar agradecida a Deus pelos talentos, dons e habilidades das outras pessoas.
- Tive que me lembrar de qual era o chamado de Deus para mim e não exigir ter o que as outras pessoas tinham.

Era uma questão de ser capaz de dizer: "Senhor, tu me criastes e sabes o que há para mim. Perdoa-me por invejar os dons de outras pessoas. Liberta-me da prisão da inveja e da agonia de desejar qualquer coisa que não seja para eu ter. Reconheço que o que me destes é melhor do que qualquer coisa que eu inveje."

Avalie seus motivos

Anos atrás, caminhava até a casa de uma amiga e fui surpreendida por quanto apreciava a amplitude e a sensação de leveza da casa. Pensei: *Isso é o que quero um dia.* Não queria a casa *dela*. Não senti tristeza ou ressentimento por *ela* ter a casa. Não fui para *minha* casa e a odiei. Não disse: "Tenho que ter uma casa como aquela imediatamente!" Mas pensei: *Eu gosto dessas características em uma casa e, se pudesse escolher, escolheria aquilo.* Dez anos mais tarde, quando Michael e eu estávamos procurando uma outra casa para nos mudar, escolhemos uma com muitas claraboias e janelas, que criavam aquela mesma sensação de amplitude. Reconheci o bem que outro tem, mas não invejei.

Aspirava ser uma boa escritora como outros autores que, particularmente, apreciava. Não queria ter os créditos por escrever os livros deles. Não espero que as pessoas digam que sou melhor do que eles. Não quero copiar o estilo deles. Não desejo que eles falhem. O que *almejo* realmente é ser capaz de tocar as pessoas com a mesma profundidade e compreensão que os outros escritores. Eu admiro, mas não invejo.

No entanto, se me sentisse triste toda vez que fosse até a casa de outra pessoa porque essa era melhor do que a minha, ou me sentisse mal toda vez que lesse um novo bom livro, então seria invejosa.

Para decidir se o que sente é inveja ou admiração, você precisa avaliar seus motivos honestamente. Analise se as seguintes afirmações se aplicam às suas atitudes no presente:

- Eu constantemente me comparo aos outros.
- Eu secretamente me sinto bem quando alguém falha ou algo ruim acontece a elas.
- Quando vejo que alguém é bom no que faz, não aprecio, mas imediatamente me repreendo por não ser tão boa.
- Não gosto de ficar perto de certa pessoa porque sua bondade me faz sentir inferior.

- Sinto-me mal quando meu vizinho compra um carro novo.
- Quando vejo que alguém conseguiu algo novo, sinto que devo ter o mesmo.
- Quando vejo qualidades ruins em certa pessoa, quero que outros vejam também.
- Não gosto de visitar pessoas em uma casa melhor porque faz com que sinta que a minha casa não é tão boa.

Se você observou alguma dessas afirmações em sua vida, a inveja está tentando entrar em seu coração. Ponha um fim nisso, arrependa-se e livre-se dela.

A inveja colocará grandes limitações em sua vida. Se você tem inveja do que alguém tem, nunca terá isso, ou terá mas não ficará satisfeita. Provérbios 27:4 diz: "Quem consegue suportar a inveja?" Quem, de fato, pode viver com isso e não sentir o seu peso esmagador? Em você ou direcionada a você, a inveja é mal. O diabo caiu do céu porque queria o que Deus tinha. Encontre paz em saber que o que você tem é de Deus.

O que a Bíblia diz sobre inveja

> Além do mais, visto que desprezaram o conhecimento de Deus, ele os entregou a uma disposição mental reprovável, para praticarem o que não deviam. Tornaram-se cheios de toda sorte de injustiça, maldade, ganância e depravação. Estão cheios de inveja, homicídio, rivalidades, engano e malícia. São bisbilhoteiros [...] as pessoas que praticam tais coisas merecem a morte. (Romanos 1:28,29 e 32)

> Houve tempo em que nós também éramos insensatos e desobedientes, vivíamos enganados e escravizados de toda espécie de paixões e prazeres. Vivíamos na maldade e na in-

veja, sendo detestáveis e odiando uns aos outros. (Tito 3:3) Porque ainda são carnais. Porque, visto que há inveja e divisão entre vocês, não estão sendo carnais e agindo como mundanos? (1 Coríntios 3:3)

O amor [...] não inveja. (1 Coríntios 13:4)

Não cobiçarás a casa do teu próximo [...] nem coisa alguma que lhe pertença. (Êxodo 20:17)

O medo

A mentira em que acreditamos quando estamos com medo é "Deus não é capaz de manter em segurança a mim nem a tudo com que me importo". Com certeza há muito que temer neste mundo, mas quando a força desse medo ultrapassa nossa percepção da presença de Deus, um espírito de medo se prende a nossa personalidade. Se coisas assustadoras ou traumatizantes aconteceram conosco em nossa infância, acreditamos nessa mentira ainda mais. Pensamos que Deus não está no controle da situação.

O oposto do medo é a fé, e, normalmente, interpretamos as circunstâncias de nossa vida por um lado ou por outro. O medo faz com que vivamos como se estivéssemos emocionalmente paralisados. Tememos não ter o suficiente, então não damos. Tememos ser machucados, por isso hesitamos em amar. Tememos a rejeição, por isso não saímos e fazemos o que Deus nos chamou para fazer.

O medo era o fator que controlava minha vida antes de eu aceitar Jesus: medo de falhar, de dano corporal, de ser emocionalmente machucada, de envelhecer, de ser ninguém. Um espírito de medo que faz doer, paralisar e afundar inteiramente me agarrou, trazendo com ele outros espíritos de suicídio, desespero, ansiedade e desesperança. Enquanto lutava para não me afogar em meus medos, perdia minha força. Gradualmente, meu medo de viver ultrapassou meu medo de morrer e o suicídio parecia ser um agradável alívio.

Ouvi muitas vezes que a palavra *medo* significa "falsa evidência do que parece real". O diabo apresenta falsas evidências e faz com que pareça real. Podemos escolher escutar suas falsidades ou acreditar em Deus.

Um dos maiores medos para qualquer um que tenha sido emocionalmente machucado quando criança é o medo das opiniões dos outros. Nossos medos nos dizem: "As pessoas não gostarão de mim quando descobrirem como eu realmente sou."

Mas Isaías 51:7 nos diz:

> Não temam a censura de homens nem fiquem aterrorizados com seus insultos.

Por causa de Jesus *nunca* temos que viver com medo das opiniões dos outros.

Pessoas que sofreram danos emocionais também temem, frequentemente, danos corporais. Eu costumava ter medo de ficar sozinha, mesmo durante o dia, e mal podia dormir à noite porque temia que todo o mal do mundo viria sobre mim. Não vivo com esse tipo de medo agora que aprendi a viver debaixo da proteção de Deus.

O que fazer quando estiver com medo

Entender que o medo não vem de Deus e que não precisar viver com ele é o primeiro passo para libertar-se. Aqui estão mais algumas coisas que você pode fazer quando está com medo:

1. *Confesse o seu medo ao Senhor e peça a ele que a liberte.* Não negue o seu medo, em vez disso entregue-o a Deus e ore por libertação. À medida que se aproximar mais dele, seu imenso amor penetrará em sua vida e expulsará o medo.

Se está sendo controlada por um forte medo, você está, provavelmente, sendo perseguida por um *espírito* de medo, que tem que ser subjugado. Nesse caso diga:

— Deus, confesso meu medo como pecado diante de ti e peço-te para perdoar-me por isso. Fortaleça minha fé em ti e em tua Palavra. Ordeno que você, espírito do medo, saia em nome de Jesus. Agradeço-te, Senhor, porque não me destes um espírito de medo, mas de amor, poder e uma mente sã. Encha-me com teu amor e lava-me de toda dúvida.

2. *Verifique se há, de verdade, um perigo real, e faça o que puder para remediar a situação.* Peça que outros orem por você até que o perigo passe e você tenha paz.

3. *Comprometa-se a confiar, inquestionavelmente, no Senhor por sete dias.* Decida que por uma semana você acreditará que todas as promessas na Palavra de Deus são verdadeiras para você. Todos os dias leia as promessas da proteção de Deus no Salmo 91. Escolha um versículo para dizer em voz alta durante o dia e agradeça a Deus pelas promessas que estão nele. Cada versículo está cheio do amor de Deus por você. Quando os guardar em seu coração, eles expulsarão o medo.

4. *Adore ao Senhor em voz alta.* Louvar é uma grande arma contra o medo, por isso use isso com grande força. Bata palmas, cante e fale louvores a Deus. Agradeça-lhe por seu grande amor. Quanto mais fizer isso, mais estará aberta para receber. O amor de Deus e o medo não podem residir em um mesmo coração.

Não importa o que tenha acontecido com você no passado ou o que está acontecendo no mundo ao seu redor, Deus promete protegê-la agora que anda com ele. De fato, ele está comprometido em protegê-la todo o tempo. Não sabemos de quanto mal o Senhor nos protege todos os dias, mas tenho certeza de que é mais do que imaginamos. Ele é mais poderoso do que qualquer adversário que enfrentemos e promete que, não importa o que o inimigo trouxer para nossa vida, triunfaremos.

O único medo que temos que ter é o medo de Deus, em respeito à autoridade e poder de Deus. Temer Deus significa temer o que seria da vida sem ele e agradecer-lhe, continuamente, por seu amor, pois nunca teremos que experimentar esta separação.

O que a Bíblia diz sobre o medo

Busquei o Senhor, e ele me respondeu; livrou-me de todos os meus temores. (Salmo 34:4)

Não tema, pois eu o resgatei; eu o chamei pelo nome, você é meu. Quando você atravessar as águas, eu estarei com você. Quando você atravessar os rios, eles não o encobrirão. Quando você andar através do fogo, não se queimará; as chamas não o deixarão em brasas. (Isaías 43:1,2)

No amor não há medo; ao contrário o perfeito amor expulsa o medo, porque o medo supõe castigo. Aquele que tem medo não está aperfeiçoado no amor. (1 João 4:18)

O Senhor é a minha luz e a minha salvação; de quem terei temor? O Senhor é o meu forte refúgio; de quem terei medo? (Salmo 27:1)

Por isso não tema, pois estou com você; não tenha medo, pois sou o seu Deus. Eu o fortalecerei e o ajudarei; eu o segurarei com a minha mão direita vitoriosa. (Isaías 41:10)

A luxúria

A mentira em que acreditamos quando somos tentados pela luxúria é "Não faz mal pensar sobre isso se eu não vou, realmente, fazer nada". Mas qualquer ato cobiçoso começa com um simples pensamento. A ilusão da luxúria é acreditar que somos muito fortes ou muito bons para alguma vez sermos tentados. A verdade é que a tentação sempre está presente onde nossa resistência é baixa. A luxúria é uma possibilidade na vida de qualquer um se a alma não está guardada.

A luxúria é um desejo excessivo de satisfazer *qualquer* dos sentidos, mas estou me referindo aqui ao desejo sexual, um espírito específico que vem para destruir pela tentação de fazê-la pensar em fazer algo que já decidiu não fazer mais.

Fui atacada por um espírito de luxúria depois de casada por aproximadamente cinco anos, quando estava para iniciar uma nova fase em meu ministério. Digo atacada porque veio de não sei onde uma forte atração repentina e irresistível por alguém por quem eu não tinha qualquer interesse. Foi como estar em uma onda do mar que me carregou. Tenho certeza de que algumas pessoas interpretariam essa mesma coisa como destino ou amor, ou encontro perfeito. Eu já sabia que não era nada disso porque tinha certeza de que meu casamento estava certo na visão do Senhor e não queria estar com ninguém mais.

Literalmente coloquei minha face diante do Senhor, confessei aqueles sentimentos, repreendi o espírito de luxúria e pedi a Deus que me libertasse. Lutei por muitos dias, permanecendo na presença do Senhor (oração, louvor, a Palavra) enquanto ele lutava na batalha. Quando acordei na manhã do terceiro dia, aquilo já havia ido embora *completamente*. A guerra havia acabado, o Senhor havia ganhado e eu tinha sido libertada. Se aquilo tivesse continuado por mais tempo, teria ido a um conselheiro cristão para orar. Mas sabia que a vitória fora completa porque, quando vi a pessoa novamente, não havia, absolutamente, nenhuma atração. Na verdade, pensei: *Como pude ter sido tentada?* Não porque ele não seja atraente, mas porque somente meu marido é atraente para mim.

Confie no Senhor, não em seu coração

A Bíblia diz:

> Quem confia em si mesmo é insensato, mas quem anda segundo a sabedoria não corre perigo. (Provérbios 28:26)

Eu teria sido tola se confiasse em meu próprio coração naquele tempo. Poderia ter perdido tudo. Agora, acredito que o diabo veio me tentar e o Senhor me permitiu ser provada, assim como fez com Jó. Estou convencida de que a decisão que tomei determinou o curso de minha vida e a libertação do meu ministério.

Sei, por experiência, que um espírito de luxúria é poderoso. Pessoas que são fracas no Senhor não têm a força para resistir. Mas se lidarmos com isso apropriadamente, a tentação revelará qualquer fraqueza em nossa vida e no casamento. Percebi, por exemplo, que meu marido e eu nos tornamos muito ocupados para alimentar nossa vida como um casal. O trabalho de Michael estava prosperando e ele ficava muito fora, não prestando muita atenção nas minhas necessidades. Eu estava insegura e vulnerável. A atmosfera perfeita para o diabo surgir.

Pessoas casadas caem em adultério, e solteiras caem no sexo porque um espírito de luxúria as tenta com a mentira de que:

- Ninguém saberá.
  A verdade é que Deus sabe.
- Posso resistir a isso.
  A verdade é que o espírito de luxúria é muito forte para a carne humana resistir.
- Isso é só por diversão, não é sério.
  A verdade é que o diabo está por trás do espírito de luxúria e ele é sempre sério sobre sua destruição.
- Sei o que estou fazendo.
  A verdade é que qualquer um que esteja sob a influência da luxúria está sendo enganado, por isso você não pode saber o que está fazendo.

Preste atenção nesses pensamentos. Tome a atitude de verificar, de vez em quando, e esteja consciente desse espírito. Se você é casada, verifique os *Sinais de Perigo para uma Pessoa Casada*:

- Tenho uma leve atração sexual ou emocional por uma outra pessoa que não é meu marido.
- Não consigo tirar essa pessoa da minha cabeça e sonho acordada como seria estar com ela em diferentes situações (em um restaurante, passeando juntos etc.).
- Tomo decisões e me visto sempre pensando nessa pessoa.
- Sinto-me afetada quando estou em sua presença.
- Saio do meu caminho para estar com essa pessoa.
- Imagino o que essa pessoa pensa sobre o jeito que olho ou sobre o que estou fazendo.
- Sou mais carinhosa com meu marido para que ele não perceba como sou atenciosa com essa outra pessoa.

- Imagino como seria estar casada com essa outra pessoa.
- Sinto-me culpada pelos pensamentos que tenho com essa pessoa.

Se você é solteira, verifique os *Sinais de Perigo para uma Pessoa Solteira*:

- Sou obsessiva por pensamentos sexuais com essa pessoa.
- Sinto uma atração sexual por essa pessoa que temo não conseguir controlar.
- Penso nessa pessoa como um objeto sexual mais do que um irmão no Senhor.
- Meu objetivo principal com essa pessoa é satisfazer minhas necessidades em vez de ajudá-lo a se tornar o que Deus quer que ele seja.
- Sou incapaz de confessar ao Senhor meus sentimentos mais profundos sobre essa pessoa.
- Quando estou diante do Senhor, meus pensamentos sobre essa pessoa não fazem sentir-me limpa.
- Reorganizo versículos da Bíblia para justificar meus sentimentos para com ele.
- Duvido da validade das Escrituras se elas sugerem que eu limite minha relação com ele.
- Permito-me arriscar em território perigoso para estar sozinha com essa pessoa, por exemplo, quando sei que não deveria.

Se você entrar em contato com alguém por quem sinta forte atração sexual, repreenda o inimigo imediatamente. Diga: "Eu te amarro, diabo, e recuso deixá-lo destruir minha vida com tentação. Imoralidade sexual é um pecado contra Deus e não quero nada disso. Pelo poder do Espírito Santo, quebro qualquer laço do espírito da luxúria na minha vida."

Depois, vá até o Senhor e ore. Quero dizer para colocar sua face no chão em seu cantinho de oração e clamar a Deus. Diga: "Senhor, confesso minha atração por essa pessoa e esses pensamentos sexuais que surgem em minha mente. Perdoe-me e me liberte deles. Mostre-me, Senhor, porque o diabo pensa que pode me atacar nessa área. Ajuda-me a não ser enganada; quero ver tudo claramente. Louvo a ti, Senhor, porque és mais poderoso do que qualquer tentação que eu enfrento."

Permaneça na presença do Senhor, louvando-o por sua graça, amor, bondade até sentir a pressão ir embora. Se deixar a segurança da presença do Senhor antes da batalha estar sob controle, poderá pisar em território perigoso e ser derrubada; ser seriamente mutilada ou mortalmente ferida. Não brinque com esse tipo de fogo. Ele está atado a um explosivo com poder para provocar danos irreparáveis.

Depois da queda

Se você já caiu na armadilha do diabo e agiu por influência do espírito da luxúria, precisa receber libertação. Não tente lidar com isso sozinha. Peça ajuda. Vá a um conselheiro, um terapeuta cristão, um pastor, anciãos da igreja, um grupo de oração ou a um forte crente que dirigirá sua confissão. Eles têm que orar para você ser liberta. Se não fizer isso, não será liberta. Após a libertação, espere por um período de cura. Procure ajuda para isso também.

Toda vez que se sentir tentada por esse espírito novamente, confesse isso a quem você escolheu para ajudá-la. De forma nenhuma fique *sozinha* com a pessoa por quem está atraída. É melhor nem vê-lo, mas, se isso não puder ser evitado, certifique-se de que alguém esteja com você o tempo todo.

Temos que nos afastar até mesmo da aparência do mal, e, da mesma forma, da luxúria. Pode-se saber quando cruzamos a linha da mera observação para o domínio da atração e do desejo. Nesse momento, até mesmo o encontro de olhares pode ser a manifestação do mal. Você tem que decidir *agora* que resistirá à luxúria de toda forma até que ela não mais apareça.

Verifique se essa situação luxuriosa surgiu de problemas em seu casamento ou feridas do passado. Ou seu ministério está para avançar e destruir algum território do diabo? Se for isso, ele estará bem lá com um espírito de luxúria (seja sexual ou uma busca pelo poder, ou ambos) para tentar paralisá-la. Considere isso seriamente. Temos visto o sucesso do inimigo muito frequentemente. A luxúria é uma armadilha nos esperando. Recuse permitir a satisfação do diabo em ver você cair nela.

O que a Bíblia diz sobre luxúria

> A vontade de Deus é que vocês sejam santificados, abstenham-se da imoralidade sexual. Cada um saiba controlar o seu próprio corpo de maneira santa e honrosa, não dominado pela paixão de desejos desenfreados, como os pagãos que desconhecem a Deus. (1 Tessalonicenses 4:3-5)

> Não sobreveio a vocês tentação que não fosse comum aos homens. E Deus é fiel, ele não permitirá que vocês sejam tentados além do que podem suportar. Mas, quando forem tentados, ele mesmo lhes providenciará um escape, para que o possam suportar. (1 Coríntios 10:13)

Amados, insisto em que, como estrangeiros e peregrinos no mundo, vocês se abstenham dos desejos carnais que guerreiam contra a alma. (1 Pedro 2:11)

A justiça dos justos os livra, mas o desejo dos infiéis os aprisiona. (Provérbios 11:6)

Feliz é o homem que persevera na provação, porque depois de aprovado receberá a coroa da vida, que Deus prometeu aos que o amam. (Tiago 1:12)

A mentira

A falácia em que acreditamos quando mentimos para alguém é "Não tem problema contar essa pequena mentira porque não machucará nenhuma pessoa e ninguém saberá a diferença". *Deus sempre sabe.* Ele também sabe que você não se comunicará intimamente com ele e que não poderá restaurá-la plenamente até que a Verdade controle seu coração.

A ilusão de mentir é pensar que uma mentira tornará as coisas melhores para você. Na verdade, é o oposto. Contar uma mentira significa que você se aliou a um espírito de mentiras, que é o diabo. *Mentir significa que você deu ao diabo um pedaço de seu coração.* Permitir que o inimigo tenha uma parte de você abre uma brecha para entrar no domínio dele. Quanto mais mentir, maior o controle dele sobre você, e uma vez que estiver amarrada por um espírito de mentira, não conseguirá parar de mentir.

Aprendi a mentir quando era criança, porque senti que as consequências de dizer a verdade eram enormes. Também me sentia tão envergonhada de minha vida que mentir para os outros era mais tolerável do que admitir a verdade.

Uma das mentiras que eu contava era sobre a minha idade. Em nossa pequena cidade no Wyoming, a única escola era tão lotada que, a menos que você tivesse seis anos de idade quando as aulas começavam em 14 de setembro, teria que esperar até o ano seguinte para começar a primeira série. (Não havia jardim de infância.) Meu aniversário era em 16 de setembro, por isso tive que esperar e começar no ano seguinte. Quando nos mudamos para a Califórnia, durante o verão que precedia o início da minha quarta série, completei dez anos um dia antes de as aulas iniciarem. Todas as crianças da sala tinham nove. Quando as outras crianças descobriram, fui provocada cruelmente por ter repetido uma série.

Quando nos mudamos para uma cidade diferente, decidi mentir sobre a minha idade. Durante o ensino médio, na faculdade e no trabalho na televisão, continuei mentindo. O negócio de entretenimento era tão direcionado para jovens que eu, algumas vezes, tirava cinco anos de minha idade. Vivia com medo de que alguém descobrisse. Uma vez, quando isso aconteceu, quase morri.

Quando conheci o Senhor e comecei a viver no seu caminho, percebi que não podia me aliar ao autor das mentiras e ao Espírito da verdade ao mesmo tempo. Decidi que queria que as pessoas soubessem tudo sobre mim para que pudessem me aceitar ou rejeitar conforme quem eu era. Foi um grande alívio estar liberta do medo de as pessoas descobrirem que eu estava mentindo e, até onde sei, ninguém me rejeitou por causa da minha idade. Seus sentimentos de valor próprio são elevados quando você sabe que está vivendo na verdade.

Mentir como um meio de sobrevivência

As pessoas que foram fisicamente ou emocionalmente abusadas aprendem a mentir para se protegerem ou para se sentirem melhor. Embora tais mentiras sejam compreensíveis, ainda são mentiras e podem causar desequilíbrio emocional e até mesmo doença mental. As mentiras começam a se tornar tão reais que a pessoa que as conta começa a acreditar nelas.

Isso aconteceu com a minha mãe. Quando ela tinha onze anos, a mãe dela morreu repentina e tragicamente. Ela e suas duas irmãs foram levadas para morar em várias casas porque o pai delas não foi capaz de criá-las. Quando minha mãe, finalmente, se ligou a uma outra família, o pai daquela família se suicidou. A morte de sua mãe e depois a do pai adotivo, alguns anos mais tarde, foram tão dramáticas que ela nunca mais se recuperou.

Ela me contou muitas vezes que fora responsável por ambas as mortes. Teve uma discussão com a mãe na noite antes de ela ir para o hospital e morrer; a culpa e o remorso de minha mãe duraram o resto de sua vida. Ela também acreditava que seu pai adotivo havia se suicidado porque ela fora viver com a nova família durante a Grande Depressão e era um peso a mais. A culpa da minha mãe era tão insuportável de lidar que criou um mundo só para ela, em que as mentiras tornaram-se sua realidade e nunca teve que enfrentar a verdade. Se ela tivesse tido uma terapia cristã ou, pelo menos, uma família que orasse por ela nesse período de trauma, poderia ter sido poupada de sua vida trágica e de sua doença mental. Ela foi um exemplo extremo do resultado de um espírito de mentira.

A Bíblia diz:

> A fortuna obtida com língua mentirosa é ilusão fugidia e armadilha mortal. (Provérbios 21:6)

Como isso poderia ser dito mais claramente? As consequências de dizer a verdade têm que ser melhores do que a morte.

Se estiver consciente de que está caindo na armadilha da mentira, deve confessar toda mentira a Deus, imediatamente. Na hora em que descobrir que mentiu diga:

— Senhor, confesso diante de ti que menti e assim me aliei ao diabo. Deus me perdoe por isso e limpe-me de todo mal. Satanás, eu te repreendo. Recuso-me a fazer parte de sua ilusão e mal, e ordeno que seu espírito de mentira saia em nome de Jesus. Louvo-te, Senhor, porque tu és o Deus da verdade e tem o poder de fazer as coisas novas.

Em seguida, mergulhe na verdade de Deus, sua Palavra. Peça ao Espírito da Verdade — o Espírito Santo — para fluir em você e limpá-la de todas as mentiras. Peça a Deus para lhe revelar qualquer outra mentira que esteja falando ou vivendo. Lembre-se de que mentir a impede de desfrutar relacionamentos saudáveis (Provérbios 26:28) e a separa da presença do Senhor: "O mentiroso não permanecerá na minha presença" (Salmo 101:7). Você não pode ter saúde emocional e alegria sem a presença de Deus em sua vida.

Lembre-se de que toda mentira dos seus lábios significa que deu uma parte do coração para o diabo, que preenche aquele buraco com confusão, doença emocional e mental, além de morte. Não permita que ele tenha esse prazer. Em vez disso, escolha o caminho da verdade.

O que a Bíblia diz sobre a mentira

> Que o amor e a fidelidade jamais o abandonem; prenda-os ao redor do seu pescoço, escreva-os na tábua do seu coração. Então você terá o favor de Deus e dos homens, e boa reputação. (Provérbios 3:3,4)

> O Senhor odeia os lábios mentirosos, mas se deleita com os que falam a verdade. (Provérbios 12:22)

> Senhor, livra-me dos lábios mentirosos e da língua traiçoeira! (Salmo 120:2)

> A língua mentirosa odeia aqueles a quem fere. (Provérbios 26:28)

> A minha alma se consome de tristeza; fortalece-me conforme a tua promessa. Desvia-me dos caminhos enganosos. (Salmo 119:28,29)

O perfeccionismo

A armadilha em que acreditamos quando aspiramos à perfeição é "Tenho que ser perfeita para ser aceita por mim e pelos outros". Na realidade, quanto mais tentamos ser perfeitos, mais desconfortáveis ficamos. As pessoas não estão procurando perfeição; estão procurando amor. Nosso amor pelo Senhor e pelos outros faz com que sejamos aceitos por todos — e até por nós mesmos. A ilusão do perfeccionismo é pensar que qualquer um, exceto Deus, pode ser perfeito.

Por muitos anos, não mostrei às pessoas nada do que escrevi ou compus porque sabia que o que tinha escrito ou composto não era perfeito. Também não convidava pessoas para irem à minha casa jantar porque minha casa e minha comida não eram perfeitas. Não via as pessoas quando meu visual não estava perfeito e não conversava com elas ao telefone quando não me sentisse perfeita. Viver cada dia sob a pressão de ser perfeita quase me sufocou.

Perfeita no amor

Uma vez, escrevi um artigo para uma revista em que disse: "Deus nunca nos pede para sermos perfeitas; ele simplesmente pede para darmos passos de obediência." Alguém me escreveu depois perguntando como eu podia dizer aquilo quando Mateus 5:48 diz: "Portanto, sejam perfeitos como perfeito é o Pai celestial de vocês."

Respondendo em outro artigo, escrevi que a definição de *perfeito* no *dicionário* é "completo em todas as considerações, sem falhas, sem defeitos, em uma condição de completa excelência". Se usarmos essa definição, Jesus estaria dizendo: "Você não deve ter falhas, não pode ter nenhum defeito, ser completamente excelente! Aqui e agora!"

As pessoas que sentem que Deus espera esse nível de desempenho colocam muita pressão sobre si mesmos para conseguir. Sentem-se fracassados quando não conseguem. Mas a boa notícia é que a Palavra de Deus não quer dizer isso.

De acordo com o dicionário de palavras bíblicas *An Expository Dictionary of Biblical Words,* de W. E. Vine, a palavra *perfeito* na Bíblia significa "ter alcançado seu objetivo, ter acabado ou completado" — em outras palavras, ter alcançado o nosso máximo potencial, ser tudo o que Deus quer que sejamos.

A Bíblia também diz que nascemos pecadores; a perfeição não é inerente a nós. O apóstolo Paulo reconheceu sua inabilidade para ser perfeito em termos humanos quando disse: "Não que eu já tenha obtido tudo isso ou tenha aperfeiçoado" (Filipenses 3:12). Em vez disso, comprometeu-se a ir mais longe, reconhecendo que o poder de Deus se aperfeiçoa em sua fraqueza (2 Coríntios 12:9).

Então, o que Jesus quer dizer quando fala: "Seja perfeito como seu Pai no céu?" Aquele versículo é parte de uma passagem das Escrituras que diz: "Vocês ouviram o que foi dito: Ame o seu próximo e odeie o seu inimigo. Mas eu lhes digo: Amem os seus inimigos e orem por aqueles que os perseguem" (Mateus 5:43,44).

A passagem continua a dizer que, se você amar como Deus ama, será perfeito, assim como seu Pai no céu é perfeito. Em outras palavras, se formos motivados em tudo o que fazemos pelo amor de Deus, que transborda, seremos perfeitos. *Ser perfeito tem a ver com a condição de nosso coração.*

Um dia, minha filha de seis anos, sabendo como eu adoro flores, colheu umas rosas para mim em nosso jardim. Ao tentar pegar meu vaso favorito na prateleira, deixou-o cair ao chão e ele se quebrou em mil pedacinhos. Ela ficou triste e eu também, mas não a puni porque reconheci que seu *coração* era perfeito, embora seu *desempenho não* fosse. Estava fazendo por amor, embora não tenha conseguido executar com perfeição. A perfeição que Deus espera é exatamente essa. Um coração que é puro em amor a Deus é um coração que deseja obedecê-lo.

Deus sabe que nossas ações nunca podem ser 100% perfeitas. É por isso que enviou Jesus. Por meio de Cristo, nos deu acesso à perfeição que somente Deus pode conceder. Nossos corações podem ser perfeitos mesmo que nossas ações não sejam.

Oswald Chambers diz: "O segredo maravilhoso de uma vida santa não está em imitar Jesus, mas em deixar as perfeições de Jesus se manifestarem em minha carne mortal [...] Em Jesus Cristo está a perfeição de tudo e o mistério da santificação é que todas as perfeições de Jesus estão à minha disposição." Essa é a única perfeição que deveríamos ter o desejo de alcançar.

Nós, que fomos abusados quando crianças, já somos dolorosamente conscientes de nossas imperfeições. Precisamos saber que Deus não espera que sejamos perfeitos em nosso desempenho, mas, sim, em nosso coração. Precisamos saber que Deus já nos vê como perfeitos quando sonda nosso coração e vê Jesus lá. Não compreender isso pode nos fazer, para sempre, querer alcançar o inatingível e, finalmente, nos fazer desistir porque sentimos que nunca poderemos ser tudo o que "deveríamos" ser.

Em nossa carne queremos ter sucesso. Sentimos que merecemos algo quando vencemos, mas que podemos ser desprezados quando perdemos. O que exigimos de nós mesmos é sempre limitado pela camada exterior. Mas Deus diz que quer fazer em você algo *mais* do que sua excelência humana. Você subirá a um nível e grau que possa sentir a presença dele em sua vida. É por isso que posso, agora, convidar pessoas para irem à minha casa, cozinhar para elas, falar com elas e escrever para elas. Não tenho que me preocupar em ser perfeita porque a perfeição de Cristo está manifestada pelo seu amor que flui em mim.

Quando olhar no espelho e vir a excelência de Jesus refletindo, esse será o momento em que sentirá seu verdadeiro valor. A transformação real acontece quando você adora ao Senhor em e por sua perfeição.

O que a Bíblia diz sobre perfeccionismo

> Mas quando este sacerdote acabou de oferecer, para sempre, um único sacrifício pelos pecados, assentou-se à direita de Deus. Daí em diante, ele está esperando até que os seus inimigos sejam colocados como estrado dos seus pés; porque, por meio de um único sacrifício, ele aperfeiçoou para sempre os que estão sendo santificados. (Hebreus 10:12-14)

> Nós o proclamamos, advertindo e ensinando a cada um com toda a sabedoria, para que apresentemos todo homem perfeito em Cristo. (Colossenses 1:28)

> Não que eu já tenha obtido tudo isso ou tenha sido aperfeiçoado, mas prossigo para alcançá-lo, pois para isso também fui alcançado por Cristo Jesus. (Filipenses 3:12)

> O Deus de toda a graça, que os chamou para a sua glória eterna em Cristo Jesus, depois de terem sofrido durante um pouco de tempo, os restaurará, os confirmará, lhes dará forças e os porá sobre firmes alicerces. (1 Pedro 5:10)

> Ele é o Deus que me reveste de força e torna perfeito o meu caminho. (Salmo 18:32)

O orgulho

A mentira em que acreditamos quando somos orgulhosos é "Estou no controle da minha vida. Sou importante, e posso fazer as coisas acontecerem do jeito que quero que aconteçam". O oposto — que é a humildade — diz: "Sem Deus não sou nada, mas posso fazer todas as coisas em Cristo que me fortalece."

A ilusão do orgulho é pensar que nosso desejo é mais importante do que a vontade de Deus. Essa foi a queda de Lúcifer. Ele não queria deixar Deus ser Deus e fazer as coisas do jeito de Deus. Suas últimas palavras antes de ser expulso do céu foram: "Subirei aos céus; erguerei o meu trono acima das estrelas de Deus; eu me assentarei no monte da assembleia, no ponto mais elevado do monte santo" (Isaías 14:13). Ele era perfeito antes do orgulho se infiltrar em seu coração e decidir que a vontade de Deus não era mais importante que a sua.

Estranhamente, o orgulho é um dos maiores problemas de alguém que foi emocionalmente prejudicado. É difícil reconhecê-lo porque está bem escondido e coberto com sentimentos de baixa-estima. Sempre acreditei que não tivesse orgulho. Na verdade, tinha orgulho disso. Mas não era verdade. Quando estava trabalhando como apresentadora de televisão, temia falhar mais do que desejava ter sucesso. Esse medo de falhar não era humildade: era orgulho. Sentia que devia ser conhecida. Mas meu orgulho me fez *mais* suscetível a falhar porque não tive a ajuda de Deus:

> Deus se opõe aos orgulhosos, mas concede graça aos humildes. (Tiago 4:6)

A soberba leva à morte porque não permite alcançar a graça de Deus.

Uma máscara para o medo

O orgulho surge do medo que possuímos de não ter valor como pessoas. Em reação contra a derrota e intimidação da vida, o orgulho diz: "Tenho que ser importante porque temo não ser nada." Do lado oposto está o pensamento: "Se não posso ser a melhor, então serei a pior. Se não posso fazer as pessoas me amarem, então farei com que me odeiem." As prisões estão lotadas de pessoas que sentiram isso.

Ter autoestima é conhecer o seu valor aos olhos de Deus, e isso é muito humilhante. Quanto mais fortes e mais saudáveis espiritualmente nos tornamos, mais vemos que sem Deus não somos nada. É ele quem nos dá o nosso valor: "Se alguém se considera alguma coisa, não sendo nada, engana-se a si mesmo" (Gálatas 6:3). Provérbios 3:6-8 diz:

> Reconheça o Senhor em todos os seus caminhos, e ele endireitará as suas veredas. Não seja sábio aos seus próprios olhos; tema o Senhor e evite o mal. Isso lhe dará saúde ao corpo e vigor aos ossos.

Deixar de se sentir um nada e aceitar seu valor em Jesus, e depois admitir que, longe de Deus, você não é nada, demanda muita cura. Mas depois que você consegue isso, será Deus *em* você que a levará à grandeza.

Uma das ilusões mais perigosas do orgulho é pensar que não temos nenhum orgulho. Não importa quem você seja ou quanto tempo você conheça o Senhor, o orgulho se agarra em nossa vida como se não o víssemos. Ele continua a crescer se não o impedirmos. Adorar o Senhor é a melhor maneira de derrotar o orgulho, porque não podemos louvar o Deus do universo e ainda acreditar que faremos todas as coisas por nós mesmos. Peça a Deus para lhe dar um coração humilde. Ele dará.

O que a Bíblia diz sobre orgulho

O orgulho vem antes da destruição; o espírito altivo, antes da queda. (Provérbios 16:18)

Visto que eles se humilharam, não os destruirei; mas em breve lhes darei livramento. (2 Crônicas 12:7)

O orgulho do homem o humilha, mas o de espírito humilde obtém honra. (Provérbios 29:23)

O ganancioso provoca brigas, mas quem confia no Senhor prosperará. (Provérbios 28:25)

O Senhor detesta os orgulhosos de coração. Sem dúvida, serão punidos. (Provérbios 16:5)

A rebeldia

A mentira em que acreditamos quando nos rebelamos contra Deus é "Acho que isso é certo para mim, por isso vou fazer, não importa o que Deus ou qualquer outra pessoa diga". A rebeldia está intimamente ligada ao orgulho; é preferir sua vontade à de Deus. A ilusão da rebeldia é pensar que nosso caminho é melhor do que o de Deus. *A rebeldia é o orgulho transformado em ação.*

A Bíblia diz: "Pois a rebeldia é como o pecado de feitiçaria" (1 Samuel 15:23). Feitiçaria é, obviamente, oposição total a Deus. O mesmo versículo diz que obstinação é idolatria. Obstinação nos mantém em rebelião. *Há um ídolo na vida de qualquer um que ande, obstinadamente, em rebelião. Identificá-lo e destruí-lo é a chave para voltar a se alinhar com Deus.*

Antes de entregarmos nossa vida a Jesus, todos andamos em rebelião, mas ela pode ocorrer depois de recebermos o Senhor, de termos nossa vida purificada por Deus e estarmos vivendo em obediência. Na verdade, podemos cair em rebelião sem perceber.

Uma das formas mais comuns é a apatia espiritual. Todos sabemos se roubamos uma loja de bebida, assassinamos alguém ou cometemos adultério. Não estamos tão preparados assim para reconhecer quando saímos do objetivo do Espírito de Deus em nossa vida.

Alguns anos atrás, sofri uma cirurgia corretiva por causa de um machucado da infância. As instruções do médico foram "Fique em casa por dois meses e não levante peso, não se curve, não ande, não se exercite, não faça movimentos rápidos e não se esforce".

Nas primeiras semanas, eu estava muito debilitada para ler a Bíblia ou fazer qualquer oração profunda, por isso recorri a algo que nunca faço: assisti a muita televisão e olhei muitas revistas. Nenhuma das duas coisas era censurável, mas todas as mensagens diziam-me como deveria pensar, olhar, comprar, vender, estruturar minha casa e meu casamento.

Quando minha convalescença acabou, eu, lentamente, me esforcei para voltar à minha rotina normal. Mas as coisas eram diferentes. Já não lia muito a Bíblia e estava bastante ocupada para despender tempo no meu quartinho de oração, preferindo correr em vez de orar. Logo, estava fazendo as coisas por mim mesma em vez de ser sustentada e guiada pelo Senhor.

Lentamente, comecei a tomar decisões sem Deus. Não achava que estava fazendo isso, mas o fruto daquelas decisões (ou deveria dizer falta de) tornou-se visível de que eu estava. O que parecia correto ou inocente levou-me a andar em rebelião ao satisfazer minhas próprias necessidades.

Apatia espiritual

O perigo, uma vez que conhecemos o Senhor e estamos andando em seu caminho, é que já aprendemos as lições. Lemos a Bíblia, estamos recebendo as bênçãos e, agora, achamos que podemos deixar as coisas soltas. Tornamo-nos preguiçosos nas coisas que já aprendemos a fazer. Quando certos passos de obediência caem pela estrada, deixamos que a ida à igreja tenha menor prioridade, permitimos uma redução e olhamos o outro caminho — enquanto o inimigo esquiva-se ao nosso lado.

Muitas batalhas têm sido perdidas devido a esse tipo de rebelião. A diferença é que não chamamos de rebelião — nós, cristãos imaturos — chamamos de "maturidade". Depois do fato já ocorrido, chamamos de "estupidez". Porque todos somos suscetíveis à apatia espiritual: "Por isso é preciso que prestemos maior atenção ao que temos ouvido, para que jamais nos desviemos" (Hebreus 2:1).

Você sabe se está caindo em rebelião por se desviar espiritualmente? Periodicamente, verifique se as afirmações a seguir se aplicam a você:

- Estou permitindo que outras fontes, como TV, revistas, filmes e livros, me moldem mais do que o Espírito Santo.
- Sou mais influenciada pelo que meus amigos dizem do que pelo que o Senhor está me dizendo.
- Estou me tornando fraca espiritualmente porque não estou me alimentando *diariamente* da Palavra de Deus ou não estou buscando a sua presença em oração e louvor.
- Estou começando a achar que já ouvi tudo e não há porque ir à igreja ou ao estudo bíblico.
- Comecei a fazer algumas coisas que a princípio evitava, ignorando o que aprendi ser correto em favor de uma nova experiência.
- Comecei a tomar decisões sem conselho religioso porque *parece* certo.
- Não perguntei ao Senhor, especificamente, a respeito de uma grande aquisição, mas é algo que sempre quis e, por isso, deve ser a vontade de Deus.
- Não fiz nada errado, então não preciso que Deus revele nenhum pecado não confessado.

Se você assinalou qualquer item acima, apresente-o ao Senhor em arrependimento, imediatamente, para que você possa ser resgatada do caminho que leva à destruição.

Andando na vontade de Deus

A Bíblia diz:

> Há caminho que parece reto ao homem, mas no final conduz à morte. (Provérbios 16:25)

Pode *parecer* direito, mas ser totalmente errado. Nunca podemos determinar apropriadamente o caminho correto para nós porque somente Deus o sabe. Devemos olhar para ele se quisermos encontrar o centro de *sua* vontade, porque somente lá estaremos verdadeiramente seguros. *Andar em sua vontade é o oposto de andar em rebelião.*

Quando Michael e eu estávamos namorando, preocupava-me, constantemente, em ter assuntos relacionados à nossa relação em minhas próprias mãos e arruinar tudo. Repetidamente, orava para que Deus me mantivesse em sua vontade sobre o relacionamento. Não queria errar novamente como no primeiro casamento.

Dei o meu melhor para não manipular o resultado de forma vantajosa para mim. Por exemplo, quando Michael não me ligava por algum tempo, resistia à tentação de ligar para ele, não importava quão sozinha me sentisse. Não o persegui insistentemente posto que o desejo do meu coração era que nossa relação desse certo. Quando ele, finalmente, me pediu em casamento, tive a certeza de que era uma resposta do Senhor e não o resultado de qualquer manobra astuta de minha parte.

A chave para encontrar a vontade de Deus, nesse caso, foi entregar, totalmente, a situação ao Senhor, orar por isso, louvá-lo por sua vontade perfeita em minha vida e esperar nele por uma resposta. Estar no centro da vontade de Deus trará grande segurança e confiança porque é maravilhoso saber que você está exatamente onde deveria estar. É um lugar garantido de segurança e paz.

Andar segundo a vontade de Deus torna a sua vida mais simples. Oswald Chambers diz: "Se você tiver propósitos próprios, isso destruirá a simplicidade e descanso que deveria caracterizar as crianças de Deus" (*My Utmost for His Highest*) [Meu Máximo para o Altíssimo]. Isso não quer dizer que não haverá tempestades no centro da vontade de Deus. Os problemas aparecem lá também. Mas no meio deles, haverá a paz que ultrapassa qualquer entendimento.

A maldade de Jerusalém é um excelente exemplo de rebelião contra a vontade de Deus. Quatro coisas a levaram à queda:

> Ela não *obedeceu à voz de Deus,*
> Ela não *aceitou Sua disciplina,*
> Ela não *confiou no Senhor,*
> Não se *aproximou de Deus.* (Sofonias 3:1,2)

Precisamos nos julgar em comparação com esses padrões. Devemos obedecer. Devemos estar sempre abertos para a disciplina. Devemos ter fé em Deus e em sua Palavra. Devemos buscar a sua presença constantemente em oração, louvor e comunhão com ele.

A vontade de Deus é melhor do que qualquer detalhe de nossa vida. Se perdermos a direção algumas vezes, não significa uma eterna sentença a viver fora do melhor de Deus. Se você sabe que perdeu a direção por andar em rebelião, coloque cada área de sua vida de volta em submissão ao Senhor e, por sua graça, ele a colocará de volta no caminho.

Frequentemente, peça que o Senhor lhe revele se há alguma rebelião na sua vida e confesse-a quando for revelada. Se não fizer isso, nunca será capaz de receber a bênção completa de Deus.

O que a Bíblia diz sobre rebelião

Se vocês estiverem dispostos a obedecer, comerão os melhores frutos desta terra; mas, se resistirem e se rebelarem, serão devorados pela espada. (Isaías 1:19,20)

Condena-os, ó Deus! Caiam eles por suas próprias maquinações. Expulsa-os por causa dos seus muitos crimes, pois se rebelaram contra ti. (Salmo 5:10)

Assentaram nas trevas e na sombra mortal, aflitos, acorrentados, pois se rebelaram contra as palavras de Deus e desprezaram os desígnios do Altíssimo. Por isso ele os sujeitou a trabalhos pesados; eles tropeçaram, e não houve quem os ajudasse. (Salmo 107:10-12)

Mas foram desobedientes e se rebelaram contra ti; deram as costas para a tua Lei [...]. Por isso tu os entregaste nas mãos de seus inimigos, que os oprimiram. (Neemias 9:26,27)

A rejeição

A mentira em que acreditamos quando nos sentimos rejeitados é "Não tenho valor nenhum, por isso é compreensível que alguém me rejeite". Um espírito de rejeição a convence de que será rejeitada, e, então, toda palavra ou ação de outras pessoas é interpretada através dos olhos da rejeição.

Todas nós já fomos rejeitadas — por um membro da família, um amigo, um professor, um estranho, um conhecido qualquer. Quando estamos emocionalmente saudáveis, tal situação não nos entristecerá muito. Conseguimos, logo, enxergar a situação e nos livramos de sentimentos negativos. Mas se temos profundas feridas emocionais, causadas por repetidas situações de rejeição, cada coisinha nos parecerá uma facada no coração.

Minha primeira lembrança de rejeição é a de ter sido trancada naquele armário por minha mãe. Se tivesse sido uma situação isolada, poderia não ter sido tão ruim. Mas foi. Como resultado, cresci me sentindo rejeitada e os sentimentos de rejeição cresceram tanto em mim que nenhuma afirmação ou encorajamento puderam superá-los.

Tornei-me uma pessoa que queria superar as expectativas para ganhar aprovação. Trabalhava muito para que as pessoas me notassem e dissessem que fiz um bom trabalho. Quando alcançava isso, o sentimento bom durava por um momento. Estava certa de que, se as pessoas realmente soubessem da verdade sobre mim e das minhas limitações, não teriam uma opinião tão favorável.

Há alguns anos, encontrei-me com o melhor amigo de um rapaz com quem tive um namoro sério quando estava trabalhando na televisão. Conversamos, brevemente, sobre os velhos tempos juntos e sobre meu antigo namorado.

— Ron ficou arrasado quando você terminou o relacionamento tão repentinamente — disse ele.

— Ele ficou? — perguntei espantada. — Achei que não tivesse se importado muito e que foi melhor seguirmos com nossa vida separadamente.

— Ah, não — disse o amigo. — Ele sentia que você era a garota certa. Na verdade, planejava pedi-la em casamento naquele verão. Ele nunca entendeu por que você terminou o relacionamento.

Fiquei chocada. Não que eu desejasse estar com Ron ou sentisse que cometera um erro idiota ao deixá-lo, mas fiquei espantada como os meus sentimentos de rejeição me cegaram.

Anos depois de Michael e eu termos nos casado, nosso relacionamento chegou a um impasse por causa de uma crônica falta de comunicação. Procuramos, então, por uma terceira pessoa qualificada para nos ajudar.

"Vocês permitiram que um espírito de rejeição colorisse tudo o que escutavam um do outro", nos disse Tim Davis, nosso conselheiro conjugal e assistente do pastor de nossa igreja. "Toda vez que um de vocês dizia ou fazia alguma coisa, um espírito de rejeição interpretava para o outro. Ambos precisam aprender a se relacionar um com o outro, não esperando rejeição ou ouvindo-a, mas esperando aceitação e recebendo-a."

Nunca pensei em rejeição como um espírito, mas quanto mais refletia sobre o que Tim nos dissera, mais começava a identificar aquele espírito levantando-se em mim. Eu interpretava as longas horas de trabalho de Michael e suas constantes ausências como rejeição a mim. Quando ele ia jogar golfe com os amigos em seu dia de folga, interpretava aquilo como rejeição. Quando me tratava mal, interpretava como rejeição em vez de atribuir tal atitude ao fato de estar sob pressão. Minhas reações vinham dos meus próprios sentimentos de rejeição.

"A rejeição é um espírito que tem que ser alimentado para sobreviver",Tim continuou."E precisa estar faminto para se poder matá-lo. Ele é alimentado com pensamentos negativos sobre você mesma. Fica faminto ao recusarmos dar o alimento destrutivo que ele quer ou quando construímos e alimentamos nossa vida com o amor e a aceitação de Deus. Não é que o poder desse espírito seja maior do que o de Deus para ser expulso, mas você não pode ser libertada de algo a quem dá espaço. Se alimentar um cachorro de rua, ele ficará. Se está alimentando um espírito de rejeição, ele também ficará. A melhor forma de deixar um espírito de rejeição faminto é se encher com o conhecimento da aceitação de Deus."

Ele nos mandou para casa com a tarefa de encontrarmos todos os versículos da Bíblia sobre a aceitação de Deus. Fizemos uma lista enorme nas semanas seguintes. Na sexta e última semana do nosso aconselhamento, tínhamos um entendimento muito mais profundo do amor de Deus e de como recebê-lo. Tim orou para que fôssemos libertados do espírito de rejeição e nosso relacionamento nunca mais voltou ao ponto de faltar comunicação.

Vivendo como uma escolhida

Se há um pecado por trás de cada espírito maligno, então o pecado por trás de um espírito de rejeição é não acreditar que Jesus morreu por você. Mesmo quando você já nasceu com um espírito de rejeição devido a maldições familiares, como não ter sido aceita por um de seus pais ou por tentarem abortá-la, *o poder desse espírito do mal pode ser quebrado no minuto em que receber Jesus e verdadeiramente acreditar que ele morreu por você.*

Uma das Escrituras que encontrei enquanto fazia a tarefa de Tim Davis foi "mas eu os escolhi, tirando-os do mundo" (João 15:19). A descoberta de que não o escolhemos primeiro, mas ele nos escolheu, foi libertadora. Na cruz, Jesus foi rejeitado por Deus. Porque Jesus levou sobre si todo o pecado do mundo; Deus, que é santo, não pôde olhar para ele que não estava santo. *Porque Jesus sofreu essa rejeição, nós não temos que viver em rejeição.* Podemos viver como escolhidos que somos.

Quando li pela primeira vez na Bíblia que o Bom Pastor deu a vida por suas ovelhas, pensei na Ciência da Mente e nas religiões orientais as quais havia seguido. Nenhum outro sofreu minha rejeição em vida para que eu pudesse ser livre. Nenhum outro pagou pelos meus erros. Essas religiões diziam: "Faça você mesma." Isso soava bom para mim, porque já tinha aprendido que não podia depender de mais ninguém. Mas mesmo trabalhando arduamente, nunca fui capaz de mudar minha vida ou minhas circunstâncias.

Uma vez escutei um pastor cheio de talento chamado Jerry Cook descrever como Deus nos vê. Ele disse: "Deus nos vê por meio de nosso futuro. Nós nos vemos por nosso passado." Nós olhamos nossas falhas e como somos no presente. Deus nos olha da forma que ele nos fez. Enxerga o resultado final. Se pensarmos nisso dessa forma será mais fácil compreendermos a nossa aceitação por Deus.

As pessoas que foram rejeitadas por toda a vida, especialmente pelos pais, podem aceitar-se mais facilmente quando percebem que Deus as aceita assim como são. Mas ele não as deixará do jeito que são. Porque nos ama tanto, irá ajudar a nos tornarmos tudo o que ele nos criou para ser. Se algo em nós precisa ser mudado, *ele* nos muda quando nos rendemos a ele.

Quando você sentir a luz vermelha da rejeição piscar em seu cérebro por causa de alguma palavra ou ação de alguém, lembre-se de que *a voz de Deus sempre encoraja. A voz do diabo sempre desencoraja. Se você não vê nada de bom em você, é porque o diabo cobriu seu futuro com o passado.*

Toda vez que sentir rejeição de alguma forma, recuse-se a aceitá-la, não importa quanto sua carne queira concordar. Diga: "Espírito de rejeição, eu rejeito *você*! Deus me aceita e me ama do jeito que sou. Mesmo que ninguém no mundo me aceite desse jeito, eu sei que *ele* aceita. Recuso-me a viver com a dor da rejeição. Fui escolhida por Deus e escolho viver na total aceitação do Senhor. Obrigada, Deus, por me amar. Louvo-te, Deus, por me transformar em tudo o que criastes para ser."

Abra-se para o amor e aceitação de Deus e aceite-se. Sua saúde emocional depende disso.

O que a Bíblia diz sobre rejeição

> Eu o escolhi e não o rejeitei. Por isso não tema, pois estou com você; não tenha medo, pois sou o seu Deus. Eu o fortalecerei e o ajudarei; eu o segurarei com a minha mão direita vitoriosa. (Isaías 41:9,10)

> O Senhor não desamparará o seu povo; jamais abandonará a sua herança. (Salmo 94:14)

> Pois vocês são um povo santo para o Senhor, o seu Deus. O Senhor, o seu Deus, os escolheu dentre todos os povos da face da terra para ser o seu povo, o seu tesouro pessoal. (Deuteronômio 7:6)

> Desde o princípio Deus os escolheu para serem salvos mediante a obra santificadora do Espírito e a fé na verdade. (2 Tessalonicenses 2:13)

> Por causa de seu grande nome, o Senhor não os rejeitará, pois o Senhor teve prazer em torná-los o seu próprio povo. (1 Samuel 12:22)

O egoísmo

A mentira em que acreditamos quando somos egoístas é "Não importa o que o outro queira porque não há nada mais importante do que o que eu quero, o que eu preciso e o que eu sinto". A ilusão principal é acreditar que "minhas necessidades devem ser satisfeitas a qualquer custo". Isso sempre leva a um comportamento destrutivo. Todos somos inclinados a ser egoístas desde o momento em que nascemos, mas se formos bem criados, aprendemos a ser amados e a dar amor. Se não, a preocupação consigo mesmo será uma das ferramentas do diabo designada a nos paralisar. Por exemplo, se ele conseguir nos fazer concentrar no modo como parecemos aos outros e não nos deixar agir da melhor forma, então controla nossa vida.

As pessoas que foram machucadas emocionalmente no início da vida acabam frequentemente sendo negativamente egoístas. Com frequência, surge o pensamento: "Pobre de mim. As piores coisas sempre acontecem comigo."

Se ficarmos curtindo a dor, dia após dia, abrimo-nos para um espírito maligno. Esse espírito de autopiedade faz com que nos sintamos mal *o tempo todo* sobre *tudo*. A menor coisa negativa, como perder as chaves do carro ou torcer o tornozelo, torna-se um sinal de que Deus não está do nosso lado.

Oswald Chambers diz: "Não permita concentrar-se exageradamente em si mesma porque isso leva lentamente à autopiedade e a autopiedade é satânica" (*My Utmost for His Highest*) [Meu Máximo para o Altíssimo]. A autopiedade é um trabalho do diabo, que objetiva roubar a sua vida para destruí-la. Lembre-se disso. Sentir-se triste consigo mesma pode parecer certo por conta de coisas ruins que aconteceram, porém permitir que você se sinta assim o tempo todo significa que está ignorando o poder de Deus em sua vida agora.

Concentrando-se em Deus

O oposto de se concentrar internamente em si mesma é concentrar-se exteriormente em Deus. Oswald Chambers diz: "A iniciativa do santo não é em direção à autorrealização, mas em direção ao conhecimento de Jesus Cristo" (*My Utmost for His Highest*) [Meu Máximo para o Altíssimo]. Quão oposto é o que o mundo promove hoje! Erroneamente, pensamos que uma intensa concentração em nós mesmos contribuirá mais para a nossa felicidade e realização quando, na verdade, o oposto é verdadeiro. Residir em nós mesmos leva à doença emocional. *Em vez de ficarmos cheios de pensamentos sobre o que precisamos e sentimos, devemos ser cheios do Senhor e sermos agradecidas a ele por satisfazer todas as nossas necessidades melhor do que podemos.*

A única concentração interna que devemos ter é no autoexame sincero, para ver se estamos vivendo e pensando de acordo com o caminho do Senhor. Mesmo assim, isso deveria ser feito na presença do Senhor porque ele será o único que poderá revelar a verdade que mostra o culpado, mas não condena.

Nossa concentração total deve ser somente em Deus. A Bíblia diz: "Os infiéis receberão a retribuição de sua conduta, mas o homem bom será recompensado" (Provérbios 14:14).

A melhor forma de se concentrar em Deus é agradecer-lhe continuamente por tudo que nos deu, louvá-lo por tudo o que fez e adorá-lo por tudo o que é. É impossível se preocupar ou ser obcecada consigo mesma enquanto estiver glorificando o Senhor dessa forma.

Também determine com a sua boca que não mais pecará com a mente. Diga em alta voz:

— Recuso-me a permanecer ao lado do que necessito, do que quero, sinto, e não vou pensar sobre essas coisas.

Recuso-me a ficar de luto e lamentar o passado, o presente e o futuro. Recuso-me a me tornar egocêntrica. Deliberadamente, escolho pensar em ti, Senhor, e em tua bondade. Olho para ti para satisfazer todas as minhas necessidades. Tu sabes quais são elas melhor do que eu mesma. Entendo que não é a confiança em mim que fará as coisas acontecerem, mas a confiança em *ti*.

Evite a armadilha da autocentralização concentrando-se no Senhor por meio de agradecimento e louvor ao Criador. Sua saúde emocional depende disso.

O que a Bíblia diz sobre egoísmo

Fui crucificado com Cristo. Assim, já não sou eu quem vive, mas Cristo vive em mim. A vida que agora vivo no corpo, vivo-a pela fé no filho de Deus, que me amou e se entregou por mim. (Gálatas 2:20)

Examinem-se para ver se vocês estão na fé; provem-se a si mesmos. Não percebem que Cristo Jesus está em vocês? A não ser que tenham sido reprovados! (2 Coríntios 13:5)

Edifiquem-se, porém, amados, na santíssima fé que vocês têm, orando no Espírito Santo. Mantenham-se no amor de Deus, enquanto esperam que a misericórdia de nosso Senhor Jesus Cristo os leve para a vida eterna. (Judas 20,21)

Muitos são os planos no coração do homem, mas o que prevalece é o propósito do Senhor. (Provérbios 19:21)

Como a cidade com seus muros derrubados, assim é quem não sabe dominar-se. (Provérbios 25:28)

O suicídio

A mentira em que acreditamos quando pensamos em suicídio é "Não há outra saída". Primeiramente, pensamos que nossa situação não tem esperança; depois, aceitamos a próxima mentira: a morte é o único meio de escapar. No Senhor, isso *nunca* é verdade, não importa quão dolorosas e agonizantes nossas circunstâncias sejam. O Deus que está *em* você é mais forte do que qualquer coisa que esteja enfrentando, e com ele vem a liberdade e a libertação.

Quando tinha quatorze anos, estava tão cansada do tormento emocional que não podia antever nenhum futuro. Sentia-me feia, sem valor, estúpida, não desejada e não amada, especialmente por meus pais. Uma noite, sem eu ter provocado, minha mãe soltou um venenoso ataque verbal, acusando-me de coisas que eu não tinha feito. Não fui capaz de me defender contra a sua ira e sofri tamanha solidão, depressão e desesperança que me senti acabada e emocionalmente mutilada. Não via nenhuma possibilidade de as coisas serem diferentes e decidi que não queria mais viver. Tomei uma dose grande de remédios, mas não para atrair a atenção ou fazer as pessoas ficarem com dó de mim. Não deixei recado ou telefonei para alguém pedindo ajuda. Simplesmente não queria mais acordar.

O tormento mental de pensamentos suicidas

Quase todo mundo com sérios danos emocionais irá uma vez ou outra considerar o suicídio; quando isso acontecer, a coisa mais importante a se lembrar é que esses pensamentos vêm do diabo. Um desejo de morrer não vem de Deus ou de você. Você pode querer se livrar da dor física ou emocional imediatamente, mas o pensamento de se matar para se livrar disso vem de um espírito de morte enviado do inferno para destruí-la. *Não é você!* O Espírito de Deus que habita em você sempre tem uma solução que preserva a vida.

Se está pensando em suicídio, e sei que algumas que leem esta página podem estar, quero dizer que já estive no poço sem fundo em que você está e conheço a agonia, o desespero e a dor. Escutei e acreditei nas mentiras do diabo que dizia:

- A morte deve ser melhor. Vá em frente, faça isso.
- Acabe com esta agonia. Coloque um fim nesse vazio.
- Não se preocupe com o que isso causará em alguém. Ninguém se importa mesmo. Na verdade, você estará fazendo um favor a eles.
- Não dá mais para viver com esta dor. Acabe com isso e mate-se agora.

Sei que muitas pessoas pensam no suicídio como egoísmo — e essa é a atitude final de uma pessoa que se concentra, seriamente, em si mesma — mas sei por experiência que, quando se está propenso ao suicídio, alguma coisa além do egoísmo nos ataca. Sei que, bem lá no fundo, você *realmente* quer viver, mas não mais do jeito que está vivendo. Uma voz na sua mente diz que é melhor morrer. Você quer ter esperança, mas uma voz em você diz que está perdida. Porque está mentalmente perturbada e emocionalmente fraca, você acredita nisso. Mas a verdade é que *você* quer viver.

Felizmente, não ingeri drogas suficientes quando tinha quatorze anos, então acabei doente em vez de morrer. Quando acordei, me senti diferente, embora nada houvesse mudado. Não sabia porque havia sido poupada da morte, mas de alguma forma não sentia mais vontade de morrer. Não entendia porque minha percepção mudara. Talvez, alguém orou por mim, apesar de nunca ter sabido disso. Mas, por alguma razão que só Deus sabe, minha vida foi poupada e sentia-me diferente. Senti vontade de voltar a lutar e decidi fazer isso dando passos para sair da minha dolorosa situação.

A segunda coisa importante para se lembrar em meio a pensamentos suicidas é que *em algum momento de nossa vida as coisas podem mudar.* Na verdade, a mudança é inevitável. A única coisa que não muda é Deus: "De fato, eu, o Senhor, não mudo" (Malaquias 3:6). Ele sempre estará trabalhando em seu benefício. *Você pode sentir vontade de se matar agora, mas amanhã de tarde você poderá se sentir diferente.*

Resistindo aos pensamentos suicidas

Um espírito suicida ganha controle quando você diz: "Não quero mais viver" algumas vezes para você mesma, como eu fiz, sem arrependimento diante de Deus. Isso convida um espírito de morte a ajudá-la com o objetivo de realizar o desejo de deixar a vida.

Mesmo depois de me tornar cristã, pensava em suicídio, assim como tantas outras pessoas. Não pense que porque aceitou Jesus estará livre dos ataques. E porque considerou o suicídio, não significa que você é um fracasso. Significa que precisa de oração, aconselhamento e libertação.

Se pensa em suicídio neste momento ou não, você precisa confessar ao Senhor qualquer momento da sua vida em que pensou querer morrer. Depois que fizer isso, diga em voz alta:

— Reconheço que o desejo de morrer vem de você, Satanás, e renuncio a ele em nome de Jesus. Recuso seu espírito mentiroso e a única verdade que aceito é a verdade de Deus, que diz que seus planos e propósitos para mim são bons. Então, meu futuro não está perdido. Quero viver e glorificar meu Deus Pai. Pela autoridade que foi dada a mim em nome de Jesus, amarro o espírito de suicídio e recuso qualquer voz que diga que mereço morrer. Obrigada, Senhor, por teres morrido para quebrar qualquer laço de morte sobre minha vida. Louvo o nome de Jesus.

Se tiver que fazer essa oração vinte vezes por dia, faça-a. Fui libertada de um espírito de suicídio no consultório de aconselhamento de Mary Anne e, a partir de então, nunca mais fui agarrada por ele novamente. Entretanto, muitas vezes fui provocada por tal espírito nos últimos quinze anos e, quando fazia essa oração, o espírito desaparecia. Não dê espaço para o espírito de suicídio em nenhum momento.

Uma vez que você renunciou querer a morte, terá que lidar, em primeiro lugar, com o porquê de ter desejado a morte. Terá que perdoar certas pessoas, ou Deus, ou você mesma por não ser o que *você* acha que deveria ser. Tenha certeza de ter confessado qualquer coisa que precise ser confessada para que saiba que recebeu a libertação e o completo perdão de Deus em sua vida.

Nunca tente lidar com pensamentos suicidas sem ajuda. Consultar um psicólogo cristão seria o ideal, mas, se não conseguir, tente algum serviço de ajuda, um psiquiatra, um pastor, um conselheiro, um amigo, um crente maduro.

Durante seu aconselhamento, junte-se a outros crentes que podem orar com e por você, e vá à igreja regularmente para longos períodos de adoração e oração. Você deve ser fortalecida por dentro.

O melhor ainda está por vir

O pastor Jack sempre nos ensinou que a melhor parte de nossa vida estava por vir e, nestes vinte anos que tenho andado com Jesus, isso provou ser verdade. A garotinha que passava tanto tempo no armário agora tem um marido amável que provê boas condições para sua família, um filho e uma filha que amam o Senhor e uma vida realizada e frutífera. Nunca imaginei essas bênçãos, *especialmente* quando pensava em me suicidar e, se tivesse concluído meus planos de suicídio, nunca experimentaria nada dessas coisas.

Não importa que não veja ou imagine no momento — Deus tem grandes coisas para você. Você precisa recebê-las pela fé. Deve entender que não há poço tão profundo que Jesus não possa lhe tirar dele. O diabo a cegou, mas Deus não a abandonou. As coisas *sempre* mudam. Deus é capaz de transformar suas circunstâncias da noite para o dia e este pode ser o momento. Se você se matar, nunca conhecerá as grandes coisas que ele tem para você. Por que perder a melhor parte da sua vida dando um fim a ela? Saiba que, porque Jesus vive, a vida *vale a pena* ser vivida.

O que a Bíblia diz sobre suicídio

> O temor do Senhor é fonte de vida, e afasta das armadilhas da morte. (Provérbios 14:27)

> Pois tu me livraste da morte, e livraste os meus olhos das lágrimas e os meus pés, de tropeçar, para que eu pudesse andar diante do Senhor na terra dos viventes. (Salmo 116:8,9)

O ladrão vem apenas para roubar, matar e destruir; eu vim para que tenham vida, e a tenham plenamente. (João 10:10)

As cordas da morte me enredaram; as torrentes de destruição me surpreenderam. As cordas da morte me envolveram; os laços da morte me alcançaram. Na minha aflição clamei ao Senhor; gritei por socorro ao meu Deus. Do seu templo ele ouviu a minha voz; meu grito chegou à sua presença, aos seus ouvidos. (Salmo 18:4-6)

Das alturas estendeu a mão e me segurou; tirou-me das águas profundas. Livrou-me do meu inimigo poderoso, dos meus adversários, fortes demais para mim. (Salmo 18:16,17)

Este livro foi composto em fonte Bembo 11,5/15 e impresso pela Edigráfica sobre papel Off Set 63g para a Thomas Nelson Brasil em 2012.